U0518007

"十三五"国家重点出版物出版规划项目

中国经济治略丛书

企业积极组织管理研究

Enterprises Positive Organizational Management Research

罗 霞 陈维政 著

中国财经出版传媒集团

经济科学出版社
Economic Science Press

图书在版编目（CIP）数据

企业积极组织管理研究/罗霞，陈维政著．—北京：
经济科学出版社，2018.10
（中国经济治略丛书）
ISBN 978 - 7 - 5218 - 0025 - 8

Ⅰ.①企…　Ⅱ.①罗…②陈…　Ⅲ.①企业管理 -
组织管理 - 研究　Ⅳ.①F272.9

中国版本图书馆 CIP 数据核字（2018）第 288706 号

责任编辑：王　娟　张立莉
责任校对：王肖楠
责任印制：邱　天

企业积极组织管理研究

罗　霞　陈维政　著

经济科学出版社出版、发行　新华书店经销
社址：北京市海淀区阜成路甲 28 号　邮编：100142
总编部电话：010 - 88191217　发行部电话：010 - 88191522
网址：www. esp. com. cn
电子邮件：esp@ esp. com. cn
天猫网店：经济科学出版社旗舰店
网址：http://jjkxcbs. tmall. com
北京季蜂印刷有限公司印装
710×1000　16 开　11.25 印张　200000 字
2019 年 5 月第 1 版　2019 年 5 月第 1 次印刷
ISBN 978 - 7 - 5218 - 0025 - 8　定价：58.00 元
（图书出现印装问题，本社负责调换。电话：010 - 88191510）
（版权所有　侵权必究　打击盗版　举报热线：010 - 88191661
QQ：2242791300　营销中心电话：010 - 88191537
电子邮箱：dbts@ esp. com. cn）

前　言

近些年，企业中员工因为心理不健康对未来失去信心，采用极端方式甚至结束自己生命的报道引起了社会的广泛关注，不能以牺牲员工的身心健康来取得企业发展逐渐成为社会各界的共识。然而，在全球经济陷入困境的今天，企业和员工难免要面对各种困境和压力，因而如何让员工面临压力、面对挫折时仍然对未来抱有希望，积极地应对困境就成为企业管理中亟须解决的重大问题。

本书通过对国内外相关文献深入细致地梳理和分析，发现组织行为学中的前沿理论——积极组织行为学和积极组织理论对解决目前管理中存在的问题有重要的借鉴意义。积极组织行为学致力于从积极导向对人力资源心智能力进行测量、开发和有效管理，积极组织研究则将积极的研究从个体引入组织层面，致力于研究组织中积极、繁荣、带来希望的因素。在深入研究国内外相关理论与实践的基础上，本书提出企业应当通过构建积极组织实现企业与员工的和谐共赢。随之而来的问题是：第一，什么是中国文化背景下的积极组织？第二，积极组织的主要内容是什么？第三，如何构建积极组织？第四，积极组织有什么作用？第五，积极组织的作用是如何实现的？

为了解决以上提出的问题，本书从以下方面展开研究：（1）在全面回顾和分析国内外相关文献的基础上提出积极组织的概念；（2）按照扎根理论的要求，对开放式问卷和深度访谈的结果进行编码，进一步确定积极组织的概念以及积极组织的结构；（3）按照问卷开发的要求开发有关的测量量表；（4）在积极组织的概念和文献分析的基础上提出积极组织研究框架和研究假设；（5）运用问卷调查验证研究假设。

本书的主要创新在于：（1）提出了企业应当建立以重视员工集体心理资本为核心的积极组织；（2）提出了本土化的积极组织概念，并探索出由积极组织管理、积极领导、集体心理资本、积极人际氛围四个部分组成的积极组织结构；（3）提出积极组织管理由激励因子、文化因子、工作因子构成，并开发了积极组织管理测量量表；（4）提出集体心理资本由集体希望、集体坚韧、集体效能感构成，并开发了集体心理资本测量量表；（5）对积极组织的作用进行了研究。

CONTENTS 目录

第 1 章

导　　论

> 我越来越相信对自身幸福的熟视无睹是人类罪恶、痛苦以及悲剧的最重要的非邪恶的起因之一。
>
> ——亚伯拉罕·马斯洛（Abraham Maslow）

> 当一个国家或民族被饥饿和战争所困扰的时候，社会科学和心理学的任务主要是抵御和治疗创伤；但在没有社会混乱的和平时期，致力于使人们生活得更美好则成为他们的主要使命。
>
> ——马丁·塞利格曼（Martin E. P. Seligman）

近几年，企业中的员工因为心理不健康对自己的未来失去信心，采用极端方式甚至结束自己生命的报道不断涌现。虽然全社会对这些事件予以高度的关注，各方学者也进行着广泛的讨论，但此类事件仍然没有消退的迹象。对此，有人解释为残酷的外部竞争，也有人解释为"80后""90后"抗压能力低。我们认为，这些客观原因固然存在，但是不仅于此，我们关注到这些事件中也存在着值得我们重视的问题，例如：（1）出现此类事件的企业不乏行业内的领先者，它们通常被人们视作成功企业；（2）事件发生的企业并不局限于某一行业，做出极端行为的员工也不限于某一文化程度；（3）事件发生的原因各异，但是多数事件与所在组织和工作本身有关；（4）此类事件引起了所在企业的高度重视并采取了一定的措施，但是并不能阻止类似事件的再次发生，在一些企业中甚至还愈演愈烈。从这些问题中可以发现：此类事件不是极个别现象；惯用的管理对成功企业、优秀企业的判定标准是存在问题的；此类事件与企业的管理存在关联；企业大多对此无能为力。为此，我们试图从组织理论、组织行为学的角度对我们惯用的管理理论和管理方法进行反思，尝试探索一种新的组织理论，也为企业实现更合乎人性的管理提供有益的参考。

在理论研究领域，无论是心理学界还是管理学界，无论在西方还是东方，越来越多的学者注意到在理论研究中存在一个误区，即几十年来学者的目光都聚焦在人和事物的消极面上，这与人类追求幸福的本性相悖。在心理学领域过去几十年的研究中，负面心理的研究论文与积极心理的研究论文数量比例大约为 375∶1（Seligman and Csikszentmihalyi，2000）；在组织行为学领域也存在同样的问题，每 5 篇学术研究文献中有 4 篇是研究组织中的负面现象。研究者们的重点是如何解决问题、克服障碍、还击竞争者、提高效率效果、赚取利润等，而对于组织中的积极面考虑甚少（Cameron，Bright and Caza，2003）。在这样的理论指导下，企业管理实践中难免存在过多的负面管理。随着竞争的日益加剧，员工工作压力不断增加的如今，这种负面理论和负面管理的局限性甚至有害性逐步显现。所以从"负面"视角转向"正面"视角是现实的迫切需要，推动了理论必须向"积极"的方向发展。因此，积极个性、积极情绪、心理资本、诚信领导等有关"积极"的理论近年来在国内外产生了广泛的影响，吸引了一大批学者投入其中。

尽管如此，我们可以看到，现有的研究关注较多的是个体层面，对于管理实践中出现的问题其参考价值有限。为此，我们试图从组织层面对"积极"作进一步的研究，以期进一步丰富组织理论、积极组织行为学理论。

本书的目的是在中国文化背景下，探究积极组织的概念、结构和作用，为中国企业构建积极组织提供理论和实证依据。

（1）探究中国文化背景下积极组织的概念和结构。虽然对于组织中尤其是员工的"积极"和"积极性"的问题历来被管理者所重视，但是从学术研究的角度对其进行系统性研究还非常缺乏。从卢桑斯（Luthans，2002）提出积极组织行为学到现在不过十年时间，国内学者的关注也是近几年才开始，相当部分国内学者发表的该领域的文章还停留在对国外研究进展的介绍中。而最近几年国内企业频频出现的员工跳楼等事件亟须学术界给出理论指导和实证参考，在这样的背景下，本书选择了对中国文化背景下积极组织管理理论进行研究。但目前关于什么是积极组织，积极组织的主要结构等问题国内外都缺乏系统性研究，所以本书的目的之一就是探究中国文化背景下积极组织的概念和结构。拟按照扎根理论的要求，在大量阅读文献的基础上，通过访谈法、开放式问卷等对积极组织的内涵和内容进行探索，并运用探索性因子分析方法对其结构进行研究，最后按照量表开发的要求开发出科学严谨的积极组织测量工具。

（2）积极组织管理的作用。积极组织管理理论需要通过检验其对组织结果的影响来确认该理论的有效性。卡梅隆等人（Cameron et al.，2003）提出的积极组织框架也包含了组织中个体层面和组织层面的结果。认为积极组织中的个体身心健康，组织的效益优异、效率卓越、产品质量无瑕疵。但是卡梅隆等人提出的组织框架并没有用严格的实证研究来予以证明，所以本书拟通过大样本问卷调查来实证积极组织管理的积极影响。

本书共分为 7 章，各章内容安排如下。

第 1 章　导论。主要介绍本书的研究背景、研究目的和研究意义。

第 2 章　积极的个体与积极的组织。本章主要对有关积极组织的相关理论和研究进行回顾，并在此基础上提出积极组织的概念和探索积极组织的结构体系。

第 3 章　研究假设。本章在相关理论研究和积极组织概念研究的基础上提出相关的理论假设。

第 4 章　量表开发。本章按照量表开发的规范步骤开发积极组织管理量表和集体心理资本量表，并检验量表的信效度。

第 5 章　研究变量的界定和数据预处理。本章主要阐述研究变量的界定、维度、测量工具。介绍样本情况，对数据进行描述性统计分析，并对控制变量的影响进行统计分析。

第 6 章　假设检验。本章主要对问卷数据进行假设检验，并对检验结果进行分析。

第 7 章　研究结论与启示。本章主要对研究结论进行总结和提炼，并提出管理启示。

本书得到了国家自然科学基金项目"团队心理社会安全氛围下多源信任对护理人员工作投入的影响"（批准号：71502148）的资助。中央高校基本业务费项目"积极组织的内涵及其作用机制研究"（批准号：2019SYB46）的资助，国家留学基金青年骨干教师出国研修项目（CSC201500850008）的资助。

第 2 章

积极的个体与积极的组织

2.1 积极的概念

"积"意为：（1）【动词】积累，聚集；（2）长时间积累下来的。"极"意为：（1）顶点，尽头；（2）地球的南北两端；（3）尽，达到顶点；（4）最终的，最高的；（5）【副词】表示达到最高程度。《现代汉语词典》对积极的定义是：【形容词】（1）肯定的，正面的，有利于发展的（跟"消极相对"，多用于抽象事物）；（2）进取的，热心的（跟"消极"相对）。任俊等（2006）认为，"积极"是人类天赋的一种力量，其实质是在对社会公平和人类福祉的理解基础上而建构起来的一种客观上的人类力量。它更主要的应是寻找并研究社会或社会成员中存在的各种积极力量（包括外显的和潜在的），并在社会实践中对这些积极力量进行扩大和培育，进而使每一个成员的积极力量能在社会环境中得到充分的表现和发挥。

除"积极"一词外，中国人在日常用语中还习惯于用"积极性"一词。《现代汉语词典》对积极性的定义是：【名词】进取向上、努力工作的思想和表现。中国的管理者历来重视员工的工作积极性，学者们对此也进行了相应的研究。工作上的"积极性"体现了员工对工作任务所产生的一种能动的自觉的心理状态，具体表现为员工对组织目标明确、执行计划和实现目标过程中的克服障碍的意志努力和积极的情感（叶红春，2004）。蒋雪丽等（2011）认为，"积极性"是人的一种内趋力，是受利益驱动刺激而产生的一系列心理活动，体现在行动上的一种主动性。员工的积极性则是企业通过管理活动，使员工在主观上具备的、愿意最大限度地为企业的生存与发展主动发挥自身作用的动机。因此，员工积极性在很大程度上受到企业管理活动的影响。程宽保等（1993）认为，员工的积极性是一个复杂的问题，"积极性"有三个特点：一是表现积极性和潜伏积极性。表现积极性是指已经表露出来的积极性；潜伏积极性是指蕴藏于内部、尚未激发或发掘出来的积极性。二是持久积极性和短时积极性。持久积极性是一种相对稳定的、长期的、不易受外界影响的积极性；短时积极性是一种短暂的、多变的、易逝的积极性。三是自觉积极性和盲目积极性。自觉积极性是员工感性认识并觉悟的一种积极性，它是个人价值与社会价值相结合的体现，也是员工主人翁意识的体现；盲目积极性是员工自身认识不清、盲从的积极性。即使积极性是一个复杂的问题，管理者仍然不能放松对员工积极性的重视。赵曙明（2011）认为，高积极性、高胜任素质、高协作性三者共同作用才能实现员工的高绩效。

由此可见，中国学者历来认同"积极"在工作中的重要性。但无论是"积极"还是"积极性"，目前国内的研究都限于员工个体，认为"积极"是员工个体隐藏或展现出的一种态度或行为，这种态度或行为会受到组织管理活动的影响。

"积极"一词在英文中也属于常用词汇。《新汉英大辞典》对积极的定义是：（1）肯定的，正面的，对应英语单词 positive；（2）进取的，热心的，对应英语单词 active，energetic，vigorous。《牛津高阶英汉双解词典》中对"positive"的定义是：明确的，确信的，有助益的，建设性的，自信的，乐观的，彻底的，正性的，倾向于增加或改善。

作为组织行为学领域的积极概念，"积极"对应的英语单词是"positive"。"积极"一词源于拉丁文字"positum"，其原意是指"实际而具有建设性的"或"潜在的"意思。《新英汉词典》对"positive"的形容词词性定义是：（1）确定的，明确的，确实的；（2）确信的，有自信的；（3）过于自信的，独断的；（4）绝对的；（5）积极的，建设性的，确有助益的，肯定的；（6）实证的，实际的，实在的；（7）（协定、习惯等）规定的；（8）（口）完全的，纯粹的；（9）（语）原级的；（10）（数）正的；（11）（物）正的，阳性的；（12）（摄）正片，正像；（13）（生）（刺激源）向性的，趋性的。《朗文当代英语辞典》（英语版）对"positive"的定义是：（1）肯定，非常肯定，没有任何怀疑的；（2）相信，相信你会成功或者会有好的结果；（3）有可能成功，指某事可能成功或者提高；（4）同意，支持，某人同意你，支持你所作的；（5）积极的证据，有证据证明某事一定是真实的；（6）科学实验，化学或药学结果正是想要寻找的；（7）好的，有用的，有一个好的或者有用的作用；（8）有道德，鼓励某人尤其是小孩表现出道德高尚；（9）奇迹的，令人高兴的，令人激动的，形容某件事是多么好，多么令人吃惊，兴奋等；（10）【数】正数；（11）正极；（12）正磁场。

由此看出，"positive"一词的含义非常丰富。在积极心理学和积极组织行为领域，"positive"有更明确的含义。"积极"属于态度的范畴，体现了员工的工作意愿，是员工受到内在激励程度的具体反映（Synder，2000）。"积极"是一种肯定性的观点和价值取向，关心的是品德高尚、鼓舞人心等一些具有非凡价值的积极现象（Cameron，2003）。斯彼热尔和萨能先（Spreitzer and Sonenshein，2004）认为，"积极"是能让人得到提升的可尊敬的行为。他们认为，具备这种可尊敬行为的心理条件包括感觉到自己所做事情的意义（meaning）、关注他人（other-focus）、自我决定（self-determination）、自我效能感（personal efficacy）和勇气（courage）。

由此可见，英文中的"积极"指个体的一种令人尊敬的美德或行为，是人类天赋的一种力量。

综上所述，无论是中文的"积极""积极性"、英文的"positive"都是日常生活中的常用词汇，都指一种"正向的""肯定的"态度或行为，包括外显的积极和潜在的积极。但两者之间也有一定差异，中文的"积极"更强调一种内驱力，除"正向的""肯定的"之意外，还含有"热心""进取"的意思。兼有英文"positive"和"active"的含义。

2.2　积极的个体层面研究

对"积极"严谨的学术研究开始于对个体的研究，研究内容包括个体积极心理个性、个体积极心理状态、个体积极行为等。个体积极心理个性研究起源于20世纪末兴起的积极心理学，受到积极心理个性研究的影响和启发，组织行为学中开展了对积极心理状态的研究。

2.2.1　个体积极心理个性

"积极"作为心理学的概念最早在1958年美国心理学界的心理健康运

动中被提出，但是并没有明确的界定。直到 1998 年的艾库玛尔（Akumal）会议将积极心理学作为一门新兴学术研究领域推出，并很快发展成为一场"积极心理学运动"时，才又受到了学者们的广泛重视。

　　心理学自成为一门独立的学问之日起就确立了三项使命：治疗人的精神或心理疾病；帮助普通人生活得充实幸福；发现并培养具有非凡才能的人（Faller，2001）。时任美国心理学会主席塞利格曼（Seligman，1998）提出心理学研究对人的积极品质和积极力量重视不够，长期以来尤其是第二次世界大战以后心理学的这三项使命严重失衡，数据统计表明，负面心理的研究论文与积极心理的研究论文数量比例大约为 375∶1（Seligman and Csik-szentmihalyi，2000），对《心理学摘要》（Psychological Abstracts）1887 ～ 2000 年发表的文献统计结果也显示了关于积极情绪和消极情绪的文章比率大约为 14∶1。针对这样的现状，塞利格曼（Seligman，1998）提出积极心理学应该成为 21 世纪心理学研究的重点。积极心理学的目的在于促进个人与社会的发展，帮助人们走向幸福，使儿童健康成长，使家庭幸福美满，使员工心情舒畅，使公众称心如意（Seligman and Csikszentmihalyi，2000）。对积极的研究主要是为了寻找并研究社会或社会成员中存在的各种积极力量，并在社会实践中对这些积极力量进行扩大和培育。为达成目的，积极心理学确立了三个主要关注点：一是积极体验，包含幸福感、愉悦、享受、实现；二是积极人格，包含个性、天赋和兴趣；三是积极的社会组织系统，包含家庭、学校、公司、团体和社会。皮特森和塞利格曼（Peterson and Seligman，2004）对人的积极力量进行了分类评价，列出了 24 种积极心理个性，分别是好奇、爱学习、创造性、判断力、情感智力、大局观、勇敢、勤奋、正直、慷慨、爱和被爱的能力、忠诚、公正、领导性、自我节制、审慎、谦虚、欣赏、感激、乐观、信念、仁慈、幽默、激情。认为一个人只要具备这 24 种积极心理个性就能形成六大美德，即智慧、勇气、仁爱、正义、温和、卓越。

2.2.2　个体积极心理状态——个体心理资本

　　相对于个体积极心理个性的个体稳定性，如今在组织行为学中影响最为广泛、也最为成熟的概念是个体心理资本。个体心理资本源自著名的管理学家卢桑斯（Luthans）对积极心理状态的关注。

　　在积极心理学的直接影响下，卢桑斯于 2002 年提出了积极组织行为学，定义为"为提高工作场所绩效，从积极导向对人力资源心智能力进行测量、开发和有效管理的研究和应用科学。"与此同时，对积极组织行为学的研究提出了三个标准：第一，研究的变量必须能够被有效地测量；第二，研究的变量必须基于心理状态；第三，研究的变量必须能够对绩效产生影响。这使得该领域的研究与个体积极心理个性区分开来。

与积极心理个性相比，积极心理状态和组织环境关系更为密切。组织比较容易通过培训、人力资源管理政策、组织文化等在较短时间内培养或改变员工的积极心理状态。例如，克鲁普尔等人（Kluemper et al.，2009）通过实证研究比较乐观个性和乐观状态对工作产出的影响，结论是管理者应该提高员工的工作积极状态，而不是招聘有积极个性的员工。卢桑斯（2004）认为，积极心理状态是与积极组织行为学更密切的概念，所以将其作为积极组织行为学研究的重点。卢桑斯（2004）创造性地从心理学、医学等其他领域提炼出积极心理状态，经过反复研究，最后确立了四个最主要的积极心理状态，分别是自我效能感、希望、乐观、坚韧，并通过大量的实证研究证实这四种积极心理状态都与个人工作绩效、组织绩效、员工离职等相关。

卢桑斯等学者对"自我效能感"进行过多年研究，并认为该变量与积极组织行为学的三个标准非常契合。大量的研究也证实了"自我效能感"对工作态度、领导有效性、创造力、学习能力等具有正向影响。"希望"是第一次被引入组织管理研究领域的心理学概念，意为"一种基于成功的目标设立和目标获取途径二者共同作用的积极激励状态"（Snyder，2002）。组织可以通过培训、组织文化、激励措施、员工参与等帮助员工获得"希望"。该心理状态也被证实会对工作绩效、工作态度、组织盈利产生正向影响，同时充满希望的领导者所领导的团队具有较高的工作满意度、较低的员工流失率以及更好的盈利水平（Luthans and Youssef，2007）。"乐观"是积极心理学研究的重要心理状态，积极事件给乐观的人带来内心长久深入的影响，而消极事件只能给乐观的人带来短暂的、一定情形下的影响。"乐观"会创造出积极的期望，从而给人以激励，而"悲观"会制造自我怀疑和负面期望，因而"乐观"会让人身心健康、获得幸福感（Scheier and Carver，1985）。"坚韧"是从临床心理学研究中引入的概念，指"从逆境、冲突、失败或者从积极事件、进步、责任中恢复过来的能力"（Luthans，2002）。这种能力可以通过获取知识、提高技能、培养个人性格以及他人支持等获得或加强。组织中"坚韧"的人能够从逆境中发现机遇，这对提高组织的创造性、适应性非常有益，是组织在竞争环境中胜出的重要力量。

在对各种积极心理状态的研究中，学者们发现，四种心理状态交互作用会产生更积极的效果，因此，卢桑斯（2004）将它们综合起来命名为"心理资本"。心理资本是一种综合的心理状态，它表现为人们在面对挑战任务时能够非常自信地去应对，同时保持乐观，并满怀希望，当受到阻碍时又能够迅速恢复甚至实现超越，最后获得成功。实证研究表明，心理资本能够提高工作绩效、提升工作满意感、职场幸福和组织承诺（Luthans and Youssef，2007）。卢桑斯等人于 2005 年在中国做了中国心理资本实证研究，发现在中国文化背景下，心理资本的乐观、希望、坚韧三个维度得到了很好的验证。其中，乐观与绩效的相关系数是 0.16，希望与绩效的相关系数是 0.17，坚韧与绩效的相关系数是 0.24，如果合并为一个核心心理资本变量，则与绩效的相关系数达到 0.26。中国的研究者也很重视心理资本的作用，例如，田喜洲（2009）证实了心理资本的四个维度适用于中国企业员工。魏荣、黄志斌（2008）在对企业科技创新团队的研究中发现，企业科技创新团队的心理资本分为显性心理资本和潜在心理资本两大类，前一类包括团体效能、工作韧性、乐观归因和共同愿景；而后一类包括认知优势、情绪智力、特质型动机和价值观念。柯江林等（2010）将人力资本、社会资本、心理资本对工作绩效的影响进行了比较，通过实证研究发现，人力资本、社会资本与心理资本之间具有中低度正相关关系，三者均对任务绩效与周边绩效有显著正向影响，总效应（R^2）分别为 0.229 和 0.577，但心理资本的影响力最强，社会资本次之，人力资本最弱。在复杂多变的任务不确定环境下，心理资本、人力资本对任务绩效的积极作用更加明显，且以心理资本的作用变化最大，社会资本的积极作用则受到削弱。

心理资本对组织和个体的积极作用已被国内外学者证实。卢桑斯（2005）的研究发现，希望、乐观、坚韧三项心理资本与员工的工作绩效密切相关，三项指标综合起来对员工工作绩效的解释率达到 32%。阿未（Avey，2006）的研究发现，心理资本与员工主动离职行为呈典型的负相关。仲理峰（2007）在中国文化背景下实证得出员工的希望、乐观、坚韧三种心理资本对他们的工作绩效、组织承诺和组织公民行为都能产生积极影响。

员工的心理资本能够通过组织的有效干预得以提高。通过对照组实验研究，卢桑斯等人（2006）还发现，心理资本可以通过短时间培训得到明显提升，且组织能够从该项培训中获得高达270%的投资回报率，这为心理资本在组织管理中的应用价值提供了有力支持。卢桑斯（2005）提出了心理资本干预模型，如图2.1所示，并通过实证研究验证了该模型。

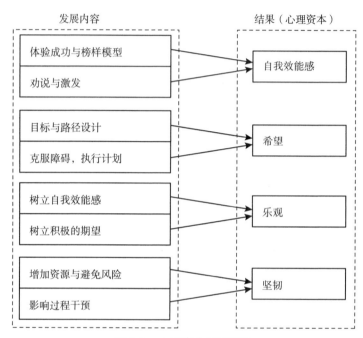

图2.1　心理资本干预模型

资料来源：Luthans, F. Youssef, C. M., Human, Social, and Now Positive Psychological Capital Management：Investing in People for Competitive Advantage. *Organizational Dynamics*, 2005, 33：143 – 160.

张宏如（2009）提出，中国心理资本本土化具体开发策略，即明晰希望愿景、增强自我效能、培育乐观品质、优化坚韧素质、提升情绪智力。

尽管个体心理资本的研究已经获得丰富的成果，但是对于个体心理资本的属性仍然存在争议。学者们对心理资本的观点分为三类（王雁飞、朱瑜，2007；靳婧，2010）：特质论、状态论、综合论。（1）特质论认为，心理资本类似于个体的人格特征，具有持久性和相对稳定性，霍森等人（Hosen et al.，2003）把心理资本定义为个体通过学习等途径后获得的具有耐久性和稳定性心理的内在基础构架。勒切尔等人（Lecther et al.，2004）将心理资本等同于"大五人格"；科勒（Cole，2006）也认为心理资本是一种影响个体行为与产出的人格特质。(2) 状态论认为，心理资本是一种心理状态，是可以测量、投资开发和有效管理的。阿瓦里尔等人（Avolio et al.，2004）认为，心理资本是积极心理状态的总和，这种积极心理状态能够带来个体绩效和快乐工作。卢桑斯（2005）认为，心理资本是一种重要的个人积极心理能力，是个体在特定的情境下对待任务、绩效和成功的一种积极状态，对个体的认知过程、工作满意感和绩效产生显著的影响。状态论是目前的主流观点。(3) 综合论认为，心理资本并不是简单的人格特征或心理状态，而是两者的综合体。阿瓦里尔（2006）认为，心理资本既具有特征性又具备状态性，状态与特质实际上是同一维度上的两个极端。巍荣（2008）将个体心理资本界定为在先天因素和后天因素综合影响下形成的能够显现创新绩效的可测量、可开发的一种心理品质，具体包括具有稳定性特征的心理特质和具有灵活性特征的心理状态。

　　到目前为止，心理资本是积极组织行为学中研究成果最为丰富的部分，它与已有的财务资本、人力资本、社会资本形成互补，让人们能够更准确地认识自己。心理资本理论在学术界受到广泛的认同，不同学者从不同角度、对不同行业以及不同地域的研究都得到了相近的结论，即心理资本的四维度普遍适用，且心理资本对工作绩效、组织承诺、组织公民行为能够产生正向作用。

2.2.3　个体积极心理结果——员工成长

　　相对于个体心理资本，员工成长（thriving）的研究还处于起步阶段。员工成长指个体感受到自己的能力得到增长的一种心理体验（the psychological experience of growth in a positive capacity）（Spreitzer，2005）。这种心理体验包括两个方面：感受到在工作中有活力（vitality）；感受到在工作中得到学习或者提高（learning）。活力指被赋予了能量的感觉（Nix et al.，1999）和对生活的热情（Miller and Stiver，1997），是情感层面的变量；学习指通过获取和应用知识和技能使能力和自信得到提升（Sonenshein et al.，2006），是一种认知层面的变量。如果员工处在知识和能力的增长当中，但是他感觉自己没有热情，成长不会发生，类似的，如果员工感到自己充满活力但并没有得到学习，也不能形成真正的成长。只有当员工同时体验到活力和学习，员工成长才会发生。

　　员工成长的概念与人本主义心理学中所倡导的个体成长的概念具有一

致性。里夫（Ryff, 1989）指出，个体成长是当他们感觉到自己的知识和效能在提高，个体感受到实现了自己的潜能并且看到自己在进步。员工成长正是表达了个体积极地、有意识地投入自己成长的过程。员工成长是一种充满能量、充满热情、被尊重、所做的事情具有价值的感受。所以员工成长是不断向前，而不是停留在原地。这不一定指得到晋升，也包括思想的进步和做出一些行动（Spreitzer et al., 2005）。所以，员工成长符合追求快乐，追求自我成长的基本人性需求。

斯彼热尔等人（Spreitzer et al., 2005）提出，员工成长是"社会嵌入式"的一种心理体验和状态，即个体在给定时点得到成长的程度依赖于所处的工作环境，如工作角色、任务限制等。员工成长对于今天的工作环境尤其重要，因为今天的工作环境要求员工在不得不随时应对各种变化的同时还要保持高绩效、健康的身心，同时还不能放弃追求工作的幸福感。更困难的是，紧张的工作节奏让员工得到恢复的机会越来越少（Maslach, 2003）。员工成长通过调整心理状态能够减轻工作倦怠，提高个体绩效及身心健康，既能提高组织绩效，又是付出成本较低的一种管理措施（Spreitzer et al., 2005）

斯彼热尔等人（Spreizter et al., 2013）在综合前人研究的基础上，发现员工成长和个体层面以及组织层面的结果密切相关。个体层面能促进的结果变量包括自我发展、健康的身体、个体绩效、溢出到家庭生活；组织层面包括组织绩效、感染同事。同时斯彼热尔等人（2007）认为，组织管理活动能够影响员工成长的获得，提出理论模型如图2.2所示。

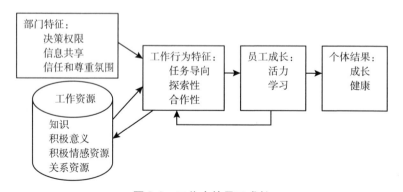

图 2.2　工作中的员工成长

资料来源：Spreitzer, G. M. Sutcliffe, K. M., *Thriving in Organiztions. In Nelson*, D., Cooper, C. L. *Positive Organizational Behavior ch6.* London：SAGE Publications Ltd. 2007.

对于员工成长前因变量，萨能先等人（Sonenshien et al.，2005）认为，包括工作特性（挑战性、新颖性、多样化等）、人际氛围（包括上级、同事、客户等）、组织特征（文化、结构、地理位置）。帕罗斯等人（Porath et al.，2012）认为，组织可以通过决策权限、信息共享、反馈和相互尊重的氛围实现员工成长。

卡米立和斯彼热尔（Carmeli and Spreitzer，2009）实证研究了员工成长与员工创新行为之间的关系，验证了如图2.3所示的假设。

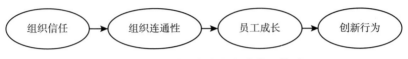

图2.3　员工成长与创新行为关系模型

资料来源：Carmeli，A. Spreitzer，G. M.，Trust，Connectivity，and Thriving：Implications for Innovative Behaviors at Work. *Journal of Creative Behavior*，2009，43（3）：169 – 191.

员工成长能够带来高水平的工作绩效。帕罗斯等人（2006）对一个工厂操作车间的蓝领工人进行了研究，上级对报告自己成长水平高的员工比那些报告自己成长水平低的员工的绩效评价高很多。对另外六个不同组织的白领员工的调查中得到了同样的结果。除了工作绩效具有显著差异外，在工作满意感和工作倦怠、职业发展上也有显著差异。

斯彼热尔（2005）认为，员工成长还能促进角色外行为的发生。成长水平高的员工更善于与同事处理好人际关系以便更好地学习，另外他们也会积极寻求正式角色以外的学习新事物的机会，这有助于产生利他行为、与他人分享和合作。帕罗斯（2006）对六个不同组织的白领的研究中也发现，上级对那些成长水平高的下属的组织公民行为的评价显著高于成长水平低的下属。

2.2.4　积极的个体层面研究小结

对于积极的个体，近年来的研究集中于积极心理学和积极组织行为学。其中，积极个体心理个性是积极心理学研究的核心内容，但是积极个体心理个性作为个体身上稳定的一种特性，对于组织结果的作用是非常有限的。从已有的研究来看，对组织的作用主要集中于人员招聘与选拔中，即认为个性与组织文化相匹配有利于员工和组织的发展。

　　个体心理资本是积极组织行为学研究的核心内容，其对组织的作用尤其是组织中个体的作用已经被中外学者所证实，柯江林等（2010）认为，个体心理资本对工作绩效的影响优于人力资本和社会资本。但是个体心理资本究竟是组织所培养的还是个体本身就具有的却没有定论，多数学者偏向于认同个体心理资本既是组织干预的结果，同时也离不开个体本身的个性特点。

　　员工成长是积极组织行为学中的研究前沿，是个体受到工作环境的影响所产生的成长体验。迄今，员工成长的影响因素仍然在探索中，相关的研究成果还相当缺乏。

2.3　积极的组织层面研究

2.3.1　积极组织的提出

　　积极组织最早由密歇根大学商学院的积极组织学术研究（positive organizational scholarship，POS）小组提出，积极组织学术研究将积极的研究从个人层面引入组织层面，致力于研究组织中积极、繁荣（flourishing）、带来希望的因素（Cameron，2004）。积极组织学术研究包含了三个层面的含义：一是积极性（positive），它指组织中的积极心理状态和结果；二是组织性（organizational），它指与组织相协调的积极过程和状态，尤其是促成积极现象产生的组织环境；三是学术性（scholarship），它指用科学的、理论构建的和严格的实证来进行研究。积极组织学术研究的提倡者旨在改变人们对积极研究的偏见，即认为积极研究是哲学层面的、主观性的、缺乏科学性的研究。积极组织学术研究关注组织中的结构和过程，强调积极不是自我实现而是与组织结构、文化、过程、领导等组织条件共同作用形成积极状态和积极动力，这种积极状态能提高组织绩效，同时使员工更加卓越。

　　积极组织学术研究小组的核心成员达顿等人（Dutton et al.，2003）指出，现有组织可以分为三类：第一类，与常态组织相比表现出消极倾向的组织；第二类，通常被视作组织管理目标的常态组织；第三类，与常态组织相比表现出积极倾向的组织。这三类组织间的具体差别如表2.1所示。

表 2.1　　　　　　　　　消极组织、常态组织、积极组织的比较

	消极组织	常态组织	积极组织
个人层面 生理	病态	正常	健康
心理	病态	正常	富乐（flow）
组织层面 效益	无效	有效	优异
效率	低效率	有效率	卓越
产品质量	容易出错	可靠	无瑕疵
企业伦理	没有伦理	有伦理	善行
适应性	僵化	能应付	欣欣向荣
人际关系	不良	互相帮助	互相尊敬
收入	亏损	有利润	丰厚
导向	解决问题		美德

资料来源：Dutton，R. E.，Robert E.，Quinn，Cameron，K. S.，*Positive Organizational Scholarship*：*Foundations of A New Discipline.* San Francisco：Barrett – Koehler，2003.

　　常态组织及其左侧一直以来被给予较高的关注，也就是如何获得绩效，如何赚取利润，如何应付问题等，主要的研究成果也聚集于此，而对于常态组织的右侧则关注不够。同时三类组织间的距离是不同的，即将消极组织建设成为常态组织是比较容易的，但要将常态组织建设成为积极组织却很难（Cameron et al.，2003）。

　　卡梅隆等人（2003）进一步从四个方面对积极组织和消极组织进行了比较。

　　组织特征方面：消极组织中充满贪婪、自利、操纵、秘密、着眼于赢，以创造物质财富作为成功的标志。积极组织中则充满感激、合作、美德、活力、有意义、以创造大量物质和非物质财富，以及人类幸福作为成功的标志。

　　组织中员工方面：消极组织中员工间不信任、焦虑、只忠于自己的想法、害怕、倦怠、感觉受虐。积极组织中员工间则相互信任、坚韧、智

慧、谦逊、积极性高昂。

社会关系方面：消极组织的社会关系是冲突、官司缠身、违背合约、惩罚、坏名声。积极组织的社会关系则是有同情心、忠诚、诚信、被社会尊重、即使失误也容易获得社会谅解。

学者关注重点方面：对于消极组织，学者关注于如何解决问题、互惠、公平性、不确定性管理、抵制抵抗、获取利润、与他人竞争。对于积极组织，学者关注什么是生活的意义、优秀、卓越、积极倾向、非凡绩效等相关领域。虽然卡梅隆等人列举了积极组织不同于其他组织的诸多特点，但在随后的研究中，他们逐渐把积极组织的研究集中到对组织美德的研究。认为积极组织的目的就是要形成组织美德（virtuousness），即积极组织的判断标准就是具有组织美德（Cameron et al.，2003）。

"美德"一词主要在哲学和心理学中出现，通常和有意义的生活目标相关联。美德包括认知水平、情感、意志力、情绪和行为，美德还是心理力量的体现，它保证人在面临挑战时具有意志力（Seligman，2000）。在古希腊文化中，美德与个人的身体健康、幸福、卓越、坚韧相关联。它既可指个人层面也可指组织层面，还可指社会层面和文化层面，从某种意义来说，美德是社会和谐的内化道德标准（Baumeister and Eline，1999）。彼得森和塞利格曼（Peterson and Seligman，2004）提出，美德和伦理、道德意思接近但比它们意义更深远。伦理、道德关注什么是必需的、充分的或者相关的手段，而美德关注的是人类的潜能。彼得森和塞利格曼（2004）认为，人类所具有的美德有三个特点：分别是人类活动的结果（human impact）、有道德的善行（moral goodness）、无条件的社会改良。同时，他们还认为，美德可以被分为两种：即常态性美德（tonic）和突发性美德（phasic）。常态性美德的构建依赖于内部产生，任何时候都存在；而突发性美德由外界因素引发，仅当需要时才会显现。

法尔斯和杰维特（Fowers and Tjeltveit，2003）认为，组织中的美德关乎组织中个人帮助他人事业发展的行为。有美德的组织具有内在有效性，组织中的人们相互关心、同情、帮助，享受积极的群体精神，是成功的组织。达顿等人（Dutton et al.，2002）认为，组织美德的底线是创造绩效。组织美德研究不仅是研究卓越的组织产出，它还包括组织中与积极结果相关的卓越行为和能力。美德不是一种工具或者互惠，它是一种内在的自利，而不是为了获得外部的承认或好处。由于美德是一种使个人更好的状态，因此自然而然的美德会使个人和社会获益。在积极组织研究中，组织美德特指促使组织产生积极偏离的状态、能力和储备。组织美德的内容包括个人行为、集体行为、文化因素、使组织美德得以渗透的过程（Cameron et al.，2004）。

组织美德能够加强员工的美德行为，同时削减负面的结果。卡扎等人（Caza et al.，2004）在对规模缩减的组织实证中发现，组织美德能够迅速削减由于组织规模缩减带来的负面影响，使组织快速恢复到原来的状态，其作用如图 2.4 所示。

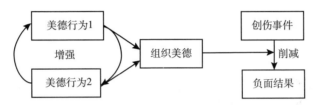

图 2.4　组织美德的增强与削减作用

资料来源：Caza，A.，Barker，B. A.，Cameron，K. S.，Ethics and Ethos：the Buffering and Amplifying Effects of Ethical Behavior and Virtusuness. *Journal of Business Ethics*，2004，52：169 – 178.

卡梅隆等人（2004）对 18 个组织进行了组织美德的探索性研究，得出组织美德的 5 个维度，分别是乐观（optimism）、信任（trust）、同情（compassion）、正直（integrity）、宽仁（forgiveness）。

布莱特等人（Bright et al.，2006）对组织美德进行了进一步研究，将常态性美德和突发性美德的概念引入组织美德中，认为组织中的常态性美德包括希望、谦逊、正直、友好；突发性美德包括宽仁、负责任。

其他学者如罗伯特（Roberts，2005）提出，积极组织研究是寻找工作场所中能够促使组织获得新的成绩的那些积极行为的驱动力。斯彼热尔和萨能先（2004）认为，积极组织的特征包括可敬（honorable）、自愿（voluntary）和偏离常态（departure from norms），另外还包括部分的组织公民行为、部分的公司社会责任和部分的自揭内幕（whistle-blowing）。贝恩思顿（Bernstein，2003）提出，积极组织是那些以感激、合作、美德、活力、意义、工作幸福感作为成功的关键指标的组织。

亏威尔和瓦伦汀（Kidwell and Valentine，2009）研究了积极的群体环境（positive group context），定义为群体成员在被鼓励的工作条件下提高他们对工作场所态度的一种情形。其中的直接表现是减少员工的退缩行为。他们根据理性行动理论（the theory of reasoned action；Ajzen and Fishbein，1980）、计划行为理论（the theory of planned behavior；Ajzen，1991）、社会学习理论（social learning theory；Bandura，1977）、社会影响理论（social impact theory，Latane，1981）提出组织环境通过努力—绩效期望和工作满意度共同作用减少员工的退缩行为。亏威尔和瓦伦汀（Kidwell and Valentine，2009）通过实证研究论证了如图2.5所示的理论模型。

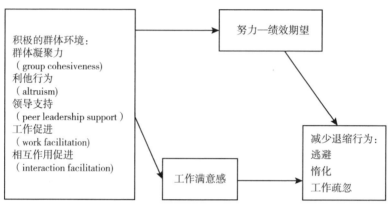

图2.5　积极的群体环境与个体行为关系模型

资料来源：Kidwell, R. E., Valentine, S. R., Positive Group Context, Work Attitudes and Organizational Misbehavior: the Case of Withholding Job Effort. *Journal of Business Ethics*, 2009, 86: 15 - 28.

2.3.2　积极组织的重点——集体心理资本

从前文对积极组织的现有研究综述的结果可见，目前学术界对于积极组织的解释主要存在三个视角：一是卡梅隆等人将积极组织作为一个研究领域提出，认为积极组织在个体层面和组织层面与普通的组织存在差异；二是其后的研究中卡梅隆等人逐渐将视角聚焦到组织美德上，即认为积极组织的核心或者目标能够形成组织美德，这使得积极组织的研究更接近于组织伦理的研究；三是亏威尔和瓦伦汀（2009）提出的减少员工退缩行为，这与卡梅隆等人提出的积极组织是一种正向倾向的组织存在矛盾，减少退缩行为仅仅是减少了组织中的消极倾向行为，并不能因此认为就建立了积极组织。所以对积极组织研究的第二个视角和第三个视角有一定偏颇，不能完全涵盖"积极组织"的应有之意。在第一个视角中，卡梅隆等人对积极组织的描述来自与常态组织和消极组织的比较。比较的结果说明积极组织在员工个体和组织整体层面都有不同的表现，在组织层面中又包括组织产出（效益、效率、产品质量、收入）、影响因素（企业导向、人际关系）等不同方面都与其他组织存在差异。但在这个视角中，卡梅隆等人只是提出了积极组织，并没有对积极组织明确定义，但已经反映出积极组织是一个复杂概念，既包含了个体层面，又包含了组织层面；既包含了组织产出，又包含了组织成因。

组织虽然是一个复杂系统，但无论组织的效益效率还是组织文化，都源自组织成员的集体作用。因此，积极组织与组织成员这个集体存在密不可分的联系。按照积极心理学和积极组织行为学的观点，具有积极心理个性或者具有积极心理状态的个体是积极的个体，那么一个积极的组织可能是由一群具有积极心理个性的个体所构成的，也可能组织成员整体会形成积极的心理状态。在现实中，组织可以通过改善招聘方法尽可能招聘具有积极心理个性的员工，但是如果组织的管理存在问题就不能保证具有积极心理个性的员工发挥出积极性。相反，如果一个组织能够保证任何一个新进入成员很快能形成同其他老成员一样的积极心理状态，这个组织就能永葆积极向上的动力，成为真正的积极组织。所以，积极组织的重点在于组织中所有的成员具有积极的心理状态，即具有集体心理资本。

集体心理资本不是个体心理资本的简单加总。正如班杜拉（Bandura，1997）对集体效能感和自我效能感的研究中指出集体效能感源自自我效能感，是对自我效能感在集体层面的延伸，但集体效能感不是个体效能感的汇总，而是通过个体间相互作用、合作等机制下产生的大于个体效能感加总的产物。

2008 年，雅玛瑞侬（Yammarino）等提出了群体和组织层面的心理资本，认为与个体心理资本和个体行为联系不同，群体心理资本往往和高绩效的群体气氛相联系，而组织心理资本往往和高效、有社会责任的组织文化相联系。雅玛瑞侬等在参考个体心理资本的内容基础上给出群体心理资本和组织心理资本的内容如表 2.2 所示。

表 2. 2　　　　　　　　　　跨层次视角的积极组织行为

个体	群体	组织
自我效能感	群体潜能 群体和团体效能感	集体效能感
希望	高绩效团体的目标和标准	积极愿景和使命

续表

个体	群体	组织
乐观	积极群体情绪，高期望和高标准	为完成使命努力
主观幸福感	积极团体智力模型 群体士气和凝聚力	工作的内在动机
情绪智力	情绪智力团体	情绪健康组织

资料来源：对雅玛瑞侬等（Yammarino et al.，2008）文章的总结。

韦斯特等人（2009）认为，集体心理资本可以被看作和个体心理资本同形。因为效能感、乐观、坚韧都与团体发展过程有潜在的联系，所以提出集体心理资本也具有类似的三个维度：集体效能感、集体乐观和集体坚韧，各维度的定义和测量也借鉴个体心理资本。持相似观点的还有瓦伦布瓦等人（2011），他们借鉴集体效能感的研究，将集体心理资本定义为成员之间相互作用和协调活动的结果，这种相互作用机制使得集体心理资本远大于个体心理资本之和。他们认为，集体心理资本就是群体共享的一种积极的心理状态，包含集体效能感、集体乐观、集体希望和集体坚韧四个维度。

在学者们提到的集体心理资本的各维度中，对集体效能感的研究最早也最丰富。班杜拉（1997）在提出自我效能感后提出了集体效能感。集体效能感指团体成员对于团体成功地完成特定任务或取得特定水平成就的能力的共同信念。集体效能感对员工态度、工作绩效等的作用都得到了验证（Little et al.，1997；Zellars et al.，2001；Salanova et al.，2003；Walumbwa et al.，2005）。集体乐观的研究开端于积极心理学的兴起。斯尼得（Snyder，1994）认为，集体希望指团体成员相较于其他团体更相信所在团体能够取得积极结果并对此报有较高的期望，如果团体成员对未来充满希望，就能够在面对挑战和阻碍时更好的应变，同时拥有希望的团体不仅对成功有更好的信念，并且会更积极主动地寻求成功的办法。同集体效能感类似，集体乐观的群体表现得更为积极，尤其是面对问题的时候（Brissette，Scheier，Carver，2002）。集体坚韧指团体具有从经历的失败、挫折、冲突和其他有威胁的状况中恢复的能力。集体坚韧的群体更容易从逆境中恢复、成员间更为互助并且更容易获得满意感（Sutcliffe and Vogus，2003）。

学者们认为，与个体心理资本主要影响个体行为不同，集体心理资本主要影响集体行为、集体氛围和集体绩效。韦斯特等人（2009）对 101 个集体进行实证研究，假设集体心理资本的结果变量包括集体凝聚力、集体合作、集体协调、集体满意感。结果显示，集体心理资本的不同维度具有不同的作用，其中，集体乐观是预测集体结果变量的主要变量，而集体坚韧和集体效能感在几个不同集体相互作用后效果明显。赵和侯（Zhao and Hou，2009）认为，如果团队具有集体心理资本，团队中的个体心理期望和团队目标就能够更容易形成一致，并且形成一种积极的心理契约，即便和团队目标有冲突时也能及时调整。他们认为，团队和团队成员都应当自觉地去获取、保持并提高心理资本。

诚信领导和集体心理资本之间的关系也是学者感兴趣的内容。

雅玛瑞侬等人（2008）通过组织中不同层次的诚信领导风格（authentic leadership）与集体心理资本的关系进行了定性的分析。认为诚信领导风格有助于集体心理资本的形成和绩效的提高。提出如图 2.6 的理论模型。

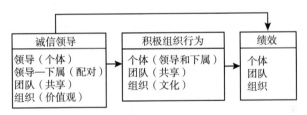

图 2.6　多层次视角的诚信领导、积极组织行为和绩效

资料来源：Yammarino, F. J., Dionne, S. D., Schriesheim, C. A., Dansereau, F., Authentic Leadership and Positive Organizational Behavior: A Meso, Multi-level Perspective. *The Leadership Quarterly*, 2008, 19: 693 – 707.

斯密斯等人（2009）研究发现，诚信领导（authentic leadership）和下属集体心理资本共同作用下能够预测下属对领导的信任以及组织的财务绩效。

瓦伦布瓦等人（2011）对某企业所辖 146 个分部实证研究发现，集体心理资本能够有效预测集体绩效和集体组织的公民行为，并验证了诚信领导能够提升集体心理资本，同时如图 2.7 所示的理论模型。

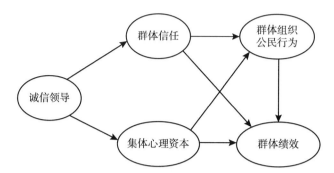

图 2.7　诚信领导与群体绩效和群体组织公民行为之间的关系

资料来源：Walumbwa, F. O., Luthans, F., Avey, J. B., & Oke, A., Authentically Leading Groups: the Mediating Role of Collective Psychological Capital and Trust. *Journal of Organizational Behavior*, 2011, 32（1）: 4–24.

2.4　自我决定理论

自我决定理论由德斯和瑞安（Deci and Ryan, 1985）于 20 世纪 80 年代提出，是动机理论的重要发展。该理论认为，人类是积极的生物，具有自我实现、自我成长的潜能，每个个体都具有先天性的、内在的、建设性的发展自我的倾向，寻求自我的整合（1985）。这与人本主义理论所认为的有机体的基本倾向之一就是实现、保持和增强经验的自我这一思想一脉相承，但不同之处在于人本主义理论强调个体自身的作用，忽视环境对人类的影响；而自我决定理论则认为，个体自我成长的天性能否顺利发展受制于外部环境，个体对行动的选择出自充分认识个人需要和环境信息的基础上，即个体的自我成长与外部环境之间是一对辩证关系。外部环境可能促进也可能阻碍个体的自我实现。

自我决定理论包括四部分内容：基本心理需求理论，阐述人的基本心理需求；认知评价理论，研究社会环境对内在动机的影响；有机整合理论，研究外在动机的内化；因果定向理论，研究人对自主性行为及支持自主性行为的环境的适应性方面的个体差异（2000）。其中基本心理需求理论是后面三个部分的理论前提和逻辑基础。

自我决定理论提出社会环境中的人具有三种基本心理需要：能力需要、自主需要和关系需要。能力需要主要指个体对环境控制的需要。自主需要即自我决定的需要，是个体在充分认识个人需要和环境信息的基础上，对行为做出自由选择的需要。能力需要和自主需要是产生内在动机的直接动因。但是人类活动不仅限于满足自身需要，他们也会为了满足他人的需要采取行动，这种内在动机来自关系需要，即个体希望得到来自周围环境或他人的关爱、理解和支持。自我决定理论认为，如果社会环境支持并促进这三种需要的满足，人的动机和天性就会积极发展，个体就会健康成长。

自我决定理论认为，三种心理需求的满足程度会受到不同的目标和不同的调节过程的干预，而三种心理需求的不同满足程度直接影响内在动机的程度。自我决定理论中的有机整合理论专门研究外在动机的内化过程。依据外在动机内化的不同程度，外在动机被分为外在调节型、摄入调节型、认同调节型、整合调节型四种。认同调节型和整合调节型是内化程度比较高的动机，属于自主型动机；外在调节型动机和摄入调节型动机是内化不完全的动机，属于控制型动机。自我决定理论对不同的外在动机进行了描述和区分，但是对其形成的原因和转化的研究还不充分。

自我决定理论中的因果定向理论认为，个体差异对形成内在动机有重要影响。该理论指出，个体面对外部环境有三种不同的因果定向：自主定向、控制定向、非个人定向。具有自主定向的个体会利用环境信息进行选择和自我调节以达到自己的既定目标，表现出很高的自我决定性。当环境难以改变时，他们会进行自我调节去适应环境，即表现出较强的韧性。具有自主定向的个体依据环境提供的信息做出利于满足自己需求的选择，减少了外部环境对内在动机的破坏，从而更容易自我实现。控制定向的个体用特定方式进行思考，个体总感觉被外部环境所控制，因而采取抵抗或者顺从行为，所以具有控制定向的个体不能依据环境提供的信息做出适当的调整，从而降低了自主性，内在动机受到破坏。非个人定向的个体缺乏内在动机，行动无目的，循规蹈矩，无法完成自我实现。因果导向理论虽然指出自主导向的个体更容易自我实现，表现出适应环境的韧性和较强的内在动机，但是没有清楚地解释是什么原因促使个体采取自主定向。有机整合理论和因果定向理论说明积极组织管理仅满足员工的三种基本心理需要还不足以使员工产生足够的内在动机，更重要的是要使员工采取正确的因果定向。

因此，自我决定理论与积极的个体层面研究和组织层面研究关系密切，它在一定程度上解释了积极组织管理对于塑造积极个体的决定性作用。

2.5　积极组织的概念及结构探索

2.5.1　积极组织的概念

根据以上理论，我们认为，当一个组织中的成员都表现出高心理资本，即整个组织的员工具有集体心理资本时，这个组织就会迸发出积极向上，锐意进取的精神风貌，员工将感受到生命的价值，身心的愉悦。这必将使这个组织充满活力。因此，本书将积极组织定义为：组织有意识地、系统地、持续不断地关注和提高员工整体的心理状态，从而实现组织自身的健康发展。其主要内涵包括：其一，积极组织是一种积极向上的组织体系；其二，积极组织提高和改善员工的集体心理资本；其三，积极组织依靠员工集体心理资本赢得长效发展。

2.5.2　积极组织的结构探索

2.5.2.1　研究方法

本节将在文献分析，开放式问卷调查和深度访谈的基础上，应用积极心理学、积极组织行为学、积极组织学术研究领域的相关理论以及中国文化、中国组织和员工特点等对积极组织的内在结构进行探索。

由于积极组织尚未有形成本土化的理论。所以在对积极组织的结构探索中本节沿用学者们通用的方法——扎根理论作为指导。扎根理论是一种质化研究方式，其主要宗旨是从经验资料的基础上建立理论（Strauss，1987）。研究者在研究开始之前一般没有理论假设，而是从实际观察入手，继而对原始资料进行归纳，然后上升到理论。总之，扎根理论主要用于建立理论，而非验证假设或是既有的理论（Glaser and Straus，1967），因此，本节中对积极组织的结构探索适合应用扎根理论。

2.5.2.2　研究样本

本节借鉴了徐淑英等（2004）在开发中国中层管理人员贡献与激励量

表开发时的方法，即通过个人访谈和开放式问卷进行数据搜集。考虑到该开放式问卷的填答者应当有在组织内部工作的经验，并对组织行为学有一定的了解，本节选取了四川大学 MBA 学员作为开放式问卷的填答者。本节在四川大学 MBA 班上发放了 111 份问卷，回收的有效问卷共 97 份（删除工作不足半年，企业性质为其他的样本以及其他无效样本）。为了比较全面地了解人们对积极组织的理解，问卷采用开放式的关键事件描述法，请被调查者描述自己所在组织的积极特征和消极特征，分别用 3 ~ 5 个关键词进行描述。样本情况如表 2.3 所示。

表 2.3 开放式问卷样本情况

项目	类别	比例（%）	项目	类别	比例（%）
性别	男	61.8	职位	普通员工	10.5
	女	48.2		基层	29.4
年龄	30 岁以下	50.2		中层	41.7
	31 岁~40 岁	45.8		高层	9.3
	41 岁以上	4.0	企业性质	国有	38.7
工作年限	半年以下	5.0		民营	28.6
	半年~3 年	35.4		外企	24.5
	3 年~5 年	22.6		其他	8.2
	5 年~10 年	31.8			
	10 年以上	5.2			

同时，本节用网络聊天的方式采访了来自四家不同公司的四位员工。访谈主题仍然是请被访者描述自己所在组织的积极特征和消极特征。访谈时间从半小时到一小时不等。被访谈者基本资料如表 2.4 所示。

表 2.4 深度访谈样本情况

被访者	所在企业	企业性质	主营业务	职位	工作年限（年）
罗×	深圳××销售公司	外资	电子产品	总经理助理	6
马×	成都××发展公司	民营	贸易	人力资源管理专员	4

续表

被访者	所在企业	企业性质	主营业务	职位	工作年限（年）
杨×	中南××设计院	国有	建筑设计	工程设计员	7
李×	成都公交公司	国有	运输	司机	10

2.5.2.3 数据编码

经过开放式问卷调查和访谈，本节获得了大量的一手资料。根据格拉兹和斯托斯（Glazer and Strauss，1967）、科宾和斯托斯（Corbin and Strauss，1990）提出的扎根理论的三个编码程序，即开放性编码、主轴性编码、选择性编码，本节对所搜集的资料进行整理分析。为了保证编码的客观性，笔者与另外一位管理学博士一起进行。参与编码的博士生都接受过编码的训练，首先，参与者独立对每一份开放式问卷和访谈记录进行编码，然后，对两者编码的结果进行比较，对于两名编码者编码不一致的词条，两名编码者可相互进行讨论，通过重新阅读和交流获得一致的编码结果。

为了保证编码的信度，采取了博雅兹（Boyatzis，1998）提出的信度计算公式，即计算出不同编码者"相互同意程度"作为编码信度，计算结果大于0.70则认为编码信度达到要求。信度计算公式如下：

$$信度 = \frac{n \times (平均相互同意度)}{1 + [(n-1) \times 平均相互同意度]}$$

$$相互同意程度 = \frac{2M}{N_1 + N_2}$$

其中：n 为编码者数目；

M 为两位编码者归类相同的数目；

N_1 为第一位编码者的编码总数；

N_2 为第二位编码者的编码总数。

第一步：开放性编码。

开放性编码是定性资料的概念化与类别化过程，即将原始资料打乱，赋予概念，并用新的方式重新组合起来的操作过程（Glaser，1978）。开放性编码的目的在于明确现象、界定概念、发现范畴，最终收敛材料数据和研究问题（Patton，1990）。开放性编码要求研究者在进行这一步骤时并没有任何事先设想的编码——完全保持开放的态度（Glaser，1992）。

　　经过对开放式问卷的整理，对积极组织特征进行描述的词条有 377条，描写消极组织的词条有 274 条。编码信度为 0.87，大于 0.7 的要求。

　　第二步：主轴性编码。

　　主轴性编码又称关联性编码或二级编码。主轴性编码是将在开放性编码中得到的条目按照一定的规则联结在一起，建立主题或范畴（Corbin，1990）。主轴性编码的主要任务是发现各条目间的各种联系，以表现资料中各部分之间的有机关联。这些关联可以是因果关系、时间先后关系、语义关系、情境关系、相似关系、差异关系、对等关系、类型关系、结构关系、功能关系、过程关系、策略关系等。通过主轴性编码对材料所反映出的事实得到更简洁和清晰的理解（Corbin，1990）。将内容相近的词条进行归类后，建立了 56 个条目。为了遴选出更具有代表性的词条，本节删除了经讨论后一致的条目数出现频次小于 3 的条目共 19 条，最后保留 37个条目。内容如表 2.5 所示。

表 2.5　　　　　　　　　　　主轴性编码结果

序号	主题定义	讨论前一致条目数	讨论前不一致条目数	讨论后一致条目数	讨论后不一致条目数
1	良好愿景	28	8	33	3
2	员工积极上进	25	5	28	2
3	人际和谐	20	1	21	0
4	团队合作	15	10	20	5
5	人性关怀	14	7	17	4
6	制度完善	11	7	15	3
7	领导有力	13	4	15	2
8	学习型组织	11	2	13	0
9	晋升机制完善	10	6	13	3
10	薪酬满意	11	4	13	2
11	沟通顺畅	9	3	11	1
12	感恩的组织文化	10	1	11	0
13	员工敬业	10	1	11	0

序号	主题定义	讨论前一致条目数	讨论前不一致条目数	讨论后一致条目数	讨论后不一致条目数
14	归属感强	5	2	7	0
15	创新能力强	9	0	9	0
16	分工明确	9	0	9	0
17	执行力强	6	6	9	3
18	组织发展前景好	13	8	17	4
19	培训	7	0	7	0
20	领导民主	4	4	6	2
21	工作压力适当	3	6	6	3
22	组织坚韧	6	0	6	0
23	自主式管理	5	1	5	1
24	组织结构合理	4	2	5	1
25	公平竞争	4	3	5	2
26	自信	3	2	4	1
27	员工朝气蓬勃	3	1	4	0
28	任人唯贤	3	1	4	0
29	工作稳定	1	4	3	2
30	工作环境宽松	2	2	3	1
31	激励措施好	1	5	3	3
32	对企业有感情	1	2	3	0
33	员工素质高	2	1	3	0
34	集思广益	3	0	3	0
35	集体活动多	2	1	3	0
36	福利好	3	0	3	0
37	工作环境舒适	2	1	3	0
	合计	288	111	351	48

其中内容相似的词条归类举例如表2.6所示。

表 2.6   主轴性编码词条合并举例

合并后的条目	合并前的词条
薪酬满意	收入高，薪酬合理，绩效考核合理
良好愿景	良好愿景，领导有愿景
执行力强	效率高，执行力强
领导有力	领导有力，领导公平公正，领导德行垂范，领导体谅下属，领导关心下属，领导作风端正，领导有想法
员工敬业	敬业，成熟，忠诚，守纪律
组织坚韧	遇到问题能改善，勇于变革
组织发展前景好	技术强，发展前景好，国际视野，商业性强，重质量，重服务，组织前景好，组织注重社会形象
员工积极上进	精神状态好，积极上进

根据博雅兹提出的信度计算公式得出编码信度为 0.91，大于 0.7 的要求。

第三步：选择性编码。

选择性编码又称核心编码或三级编码。选择性编码是在主轴性编码形成的合并条目的基础上，选择其中起关键作用的一个或几个核心范畴，这类范畴可以系统地将其他范畴联系在一起，从而将各种相关联的变量纳入一个既简单又紧凑的理论框架中去（Glaser，1978）。与开放性编码不同，选择性编码是指由研究者确定的，只是对那些可以和中心变量在某一个既简单又紧凑的理论中有足够重要关联的变量所进行的编码。这里的中心变量变成进一步数据收集和理论性采样的指导（Glaser，1978）。

选择性编码的步骤（Glaser，1978）：明确资料的故事线；对主类属、次类属及其属性和维度进行描述；填充需要补充或者发展的概念类属；挑选出核心概念类属；在核心类属与其他类属之间建立起系统的联系。本节按照上述步骤对主轴性编码得到的 33 个条目进行反复的比较，构建出积极组织的 4 个类别。如表 2.7 所示。

按照同样的步骤我们对被调查者所列举的消极组织特点也进行了编码和归类，刚好也归类为消极组织管理特征、消极领导、消极的人际氛围和消极的员工心态四类，因此我们认为的确存在积极组织和消极组织之分，并且两者的特点相互对应。由于本书主要是对积极组织进行研究，所以对消极组织的编码略去。

表 2.7　　　　　　　　　　　选择性编码结果

类别	频次	包含条目（频次）		
积极组织管理	186	人性关怀（17）	制度完善（15）	晋升机制完善（13）
		薪酬满意（13）	学习型组织（13）	感恩的组织文化（11）
		沟通顺畅（11）	分工明确（9）	执行力强（9）
		创新能力强（9）	归属感强（7）	培训（7）
		工作压力适当（6）	组织结构合理（5）	自主式管理（5）
		公平竞争（5）	任人唯贤（4）	对企业有感情（3）
		工作稳定（3）	工作环境宽松（3）	激励措施好（3）
		员工素质高（3）	集思广益（3）	集体活动多（3）
		福利好（3）	工作环境舒适（3）	
集体心理资本	103	良好愿景（33）	员工积极上进（28）	组织发展前景好（17）
		员工敬业（11）	组织坚韧（6）	自信（4）
		员工朝气蓬勃（4）		
积极人际氛围	41	人际和谐（21）	团队合作（20）	
积极领导	21	领导有力（15）	领导民主（6）	

2.5.2.4　积极组织结构探索结果

结合对积极组织的定义和对积极组织结构的探索，我们认为，积极组织包含了四个相互作用的组成部分：积极组织管理、集体心理资本、积极人际氛围、积极领导。

第 3 章

研 究 假 设

本书在第 2 章提出了积极组织的概念，即组织有意识地、系统地、持续不断地关注和提高员工整体的心理状态，从而实现组织自身的健康发展。这个概念说明积极组织是一个系统，其中包含了积极组织形成的原因、积极组织的状态，以及积极组织的结果。在第 2 章对积极组织结构进行研究的过程中，我们也发现，构成积极组织的积极组织管理、积极领导、集体心理资本、积极人际氛围并不是并行的关系。其中积极组织管理、积极领导是积极组织形成的原因，集体心理资本、积极人际氛围是积极组织的状态。

在目前关于员工自我实现的相关变量中，本书认为，积极组织学术研究小组所提出的员工成长（thriving）最能反映自我实现的内涵。员工成长（thriving）是员工感受到在工作中充满活力（vitality），并能得到成长的一种心理体验，它反映了人追求自我实现的似本能，是人身上最具能量的正向力量。斯彼热尔等人（2005）提出员工成长是"社会嵌入式"的一种心理体验和状态，即个体在给定时点得到成长的程度依赖于所处的工作环境，如工作角色、任务限制等，所以员工成长有赖于积极的组织环境。

综上所述，我们构建出本书的理论框架，如图 3.1 所示。

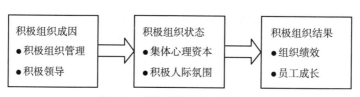

图 3.1　积极组织研究理论框架

3.1　积极组织与组织结果间的关系

本书将积极组织定义为一个组织有意识地、系统地、持续不断地关注和提高员工整体的心理状态，从而实现组织自身的健康发展。因而积极组织的作用结果是实现组织的健康发展。

关于组织健康有很多不同的解释，但基本上都包含企业和员工的健康成长。如库珀尔和卡莱特（Cooper and Carwright，1994）认为，健康的组织是指同时具有财务成功和生理、心理健康的员工队伍的组织，这样的组织能够在较长时期内维持一种健康和令人满意的工作环境和组织文化。有着广泛影响力的美国国家职业卫生安全所（NIOSH）健康工作组织模型（Lim and Mruphy，1999）也将组织健康定义为企业优异的绩效结果和员工健康满意的总和，并通过纵向研究证实了员工健康和企业绩效是组织健康的可靠特征。卡梅隆（2003）自提出积极组织时，就认为"积极组织就是要关注如何发展人的力量，培养人的活力，让员工更充实（flourishing），以培养出卓越的个体和组织"。所以积极组织的结果是组织与员工都得到发展，表现为组织绩效不断提高，员工不断成长。

3.1.1　积极组织与组织绩效的关系

斯瑙（Snow，1980）将组织绩效定义为组织达成目标的程度，因此组织绩效一直是组织理论研究的核心内容。组织绩效的影响因素很多，也存在不同的研究视角。在组织行为学中，社会关系视角是目前学术研究的一个重要视角。社会交换理论（social exchange theory）认为，人际交往的实质类似于商品交换，主张人类的一切行为都受到某种能够带来奖励和报酬的交换活动的支配。这种奖励和报酬不仅限于物质的，也包括心理的、社会的。在社会交换理论的基础上产生了心理契约理论，心理契约理论认为，组织与员工之间是一种互惠互利的相互关系，双方都需要有一定的付出，也需要得到一定的收益。虽然这种交换不像经济交换那样依赖于明确具体的规定，但人们在内心会以社会规范和价值观为基础进行相应的衡量和对比。按照达顿等人（2003）认为，积极组织是正向的组织，应当具有优异的组织绩效的观点。我们认为，积极组织是通过给员工提供等值的组织规范和心理价值交换，从而得到优异的组织绩效。

所以本书假设积极组织具有一系列积极的组织特征以实现对组织绩效的正向作用。

由此提出 H1：积极组织对组织绩效有正向作用。

根据第 2 章对积极组织的研究，积极组织包含积极组织管理、积极领导、积极人际氛围、集体心理资本四个部分。其中组织管理是有效实现组织目标的过程，组织绩效是组织达成目标的程度，所以组织绩效是衡量组织管理有效性的指标。学者们普遍认为，组织管理对组织绩效有重要影响，例如，在拉姆乐和布拉切（Rummler and Brache，1995）的组织绩效模式中提出三个绩效变量，分别是目标、设计和管理。卡明和沃利（Cumming and Worley，2001）提出组织发展绩效模式，认为组织层面应当通过战略、组织结构、人力资源系统、评价系统、科学技术提高组织绩效。罗利斯（Lawless，1987）提出组织绩效的复杂模式，认为影响组织绩效的组织因素包括组织结构、工作要求、环境条件、人员、控制与诱因方式。所以，积极组织管理作为实现积极组织必须采取的一系列管理活动，应当对组织绩效具有正向作用。

H1a：积极组织管理对组织绩效有正向作用。

领导对组织绩效的影响历来是领导理论的主要研究内容。积极组织行为学中提出了一个与积极领导相类似的领导理论——诚信领导。本书用诚信领导理论代替积极领导，原因有二：一是作为积极组织行为学中具有代表性的研究成果之一的诚信领导理论已经受到国内外学者的关注，研究表明，诚信领导能够有效提升员工满意度（谢晓衡，2007）、员工整体心理资本和部门绩效（Smith et al.，2009）；二是本书在积极组织编码阶段所得到的积极领导词条只有两条，无法对积极领导进行测量。鉴于诚信领导比本书第 2 章所归纳出的积极领导内涵更为清晰且理论相对成熟，本书用诚信领导代替积极领导进行下一步研究。阿瓦里尔等人（Avolio et al.，2004）提出诚信领导是这样的一类领导，他们清楚深刻地认识自己的思想和行为，在别人看来能意识到自己和他人的价值观、知识和优势，清楚所处的环境，并且自信、充满希望、乐观、坚韧、品德高尚。阿瓦里尔等人（2004）通过诚信领导对下属态度和行为的作用模型提出诚信领导通过对下属工作态度的影响提高下属的工作绩效。夏米尔（Shamir，2005）对诚信领导的追随者进行研究认为，他们是出于信任原因而追随领导者，下属对领导者不抱有不切实际的幻想，他们能证明领导者是值得信任的。由此可以看出，诚信领导依靠自身的高心理资本、高道德水准、对员工的高度关注，从而赢得员工信任。罗霞、陈维政（2011）在对家长式领导和诚信领导进行比较后指出，家长式领导有明显的专断作风，即便对下属的体恤也是为了让下属对领导者感恩以便更心悦诚服地服从领导者。究其实质，家长型领导的关注点主要是领导者个人目标，但诚信领导完全不同，其关注点是员工。根据自我决定理论（self-determination theory）对员工的关注能够诱发员工的内在动机从而实现高绩效（Deci and Ryan，2000）。诚信领导不仅关注下属，还通过与下属坦诚相待、及时沟通，创建了高效透明的组织氛围，这也有助于组织绩效的提升。例如，李莉斯等人（Ilies et al.，2005）就认为因为诚信领导支持群体成员的自我决定，所以对群体绩效有特殊的正向影响。斯密斯等人（Smith et al.，2009）通过实证验证了诚信领导能有效提升部门销售业绩。雅玛瑞侬等人（Yammarino et al.，2008）认为，诚信领导有助于集体心理资本的形成和组织绩效的提高。因此，我们认为诚信领导对组织绩效具有正向作用。

H1b：诚信领导对组织绩效有正向作用。

20世纪初，人群关系学派的兴起使西方管理者开始注意组织内人际氛围对绩效的影响。贝恩（Bain，1968）认为，影响组织效能的三种背景性因素是：组织间的凝聚力（pairing）；组织内及组织间的冲突与合作（fight-flight）；领导与成员的关系（dependency）。我国的一些研究也得到了类似的结论，并开始把人际氛围作为组织绩效的一个评价指标（梁建、王重鸣，2001），例如，张玉波、王重鸣（1999）把上下级交互关系作为组织绩效的预测指标。陶祁、王重鸣（1999）根据因子分析的结果将人际关系单独列为一项绩效指标。路琳、陈晓蓉（2011）指出，人际和谐有助于知识共享。本书所指的积极人际氛围是组织内组织成员间彼此和谐、相互合作的人际氛围，这样的积极人际氛围应当对组织绩效具有正向作用。

H1c：积极人际氛围对组织绩效有正向作用。

心理资本对个体绩效的正向影响已被国内外研究所证实（柯江林等，2010；Luthans et al.，2005）。集体心理资本作为群体共享的一种积极心理状态（Walumbwa et al.，2011）被认为其效果远大于个体心理资本之和，这源自集体心理资本是成员之间相互作用和协调活动的结果。这种集体效能大于个体效能之和的情况在集体心理资本的维度之一的集体效能感的研究中已经被证实（Bandura，1997）。雅玛瑞侬等人（Yammarino et al.，2008）认为，与个体心理资本影响个体绩效不同，集体心理资本能够正向影响群体层面或组织层面的结果。根据社会交换理论（social exchange theory），组织成员在积极的社会交换关系中会主动承担更多的责任，发生更多的互惠，因此可能带来组织的高绩效。例如，集体乐观的团队因为抱有成功的信念同时又能够减少成员间的冲突，所以能更好地应对所处的环境（Seligman and Schulman，1986）。集体心理资本对群体或组织层面的绩效影响也已经获得一些研究者的支持。例如，瓦伦布瓦等（Walumbwa et al.，2011）实证研究发现，集体心理资本能够有效预测集体绩效和集体组织公民行为。斯密斯等（2009）研究发现，在诚信领导和下属集体心理资本共同作用下，下属对领导的信任以及组织的财务绩效得到显著提升。因此，我们认为集体心理资本对组织绩效具有正向作用。

H1d：集体心理资本对组织绩效有正向作用。

3.1.2　积极组织与员工成长的关系

积极组织中的员工应当是什么样？在中国文化中，"积极"除了含有"正向""肯定"的意思外，还有"热心""进取"的意思。进取是立志有所作为，是一种强烈的内在动机。所以积极的员工除了是正面的，还带有强烈的有所作为的内在动机，这种内在动机带来的结果是自我成长或自我实现。达顿等人（2003）认为，积极组织中的员工身体健康、心理富乐。富乐被认为是一种美妙的心理感受，即感受到高度的充实感和兴奋感。充实感是理性的，来自不断地学习和成长；兴奋感是感性的，能带来激情和活力。充实感和兴奋感是人身上最具能量的正向力量之一，积极组织应当使员工富有这样的积极感受，进而让员工得到成长或自我实现。正如阿瓦里尔（2005）提出，积极组织行为学的目的就是发挥人身上的所有潜能。卡梅隆（2003）提出，积极组织就是要关注如何发展人的力量，培养人的活力，让员工更充实（flourishing），以培养出卓越的个体和组织。

积极组织行为学的研究前沿——员工成长（thriving）对积极组织中的员工进行了很好的诠释。斯彼瑞尔等人（2005）提出，员工成长是员工感受到在工作中充满活力（vitality），并得到成长的一种心理体验，它反映了人追求自我实现的似本能，是人身上最具能量的正向力量。员工成长有两个维度，学习和活力。学习指通过获取和应用知识与技能使能力和自信得到提升（Sonenshein et al.，2006），是一种认知层面的变量；活力指被赋予了能量的感觉（Nix et al.，1999）和对生活的热情（Miller and Stiver, 1997），是情感层面的变量。如果员工处在知识和能力的增长中，但是他感觉自己没有热情，成长不会发生。类似的，如果员工感到自己充满活力但并没有得到学习，也不能形成真正的成长。只有当员工同时体验到活力和学习，员工成长才会发生。由此可见，员工成长与中国文化中的积极员工，以及达顿等对积极员工的描述是一致的。

员工成长是一种主动的、在强烈的内在动机驱使下产生的。根据近年来影响广泛的内在动机理论——自我决定理论（self-determination theory, Ryan and Deci, 2000），人的内在动机离不开环境的影响。自我决定理论认为，人类是积极的生物，具有自我实现、自我成长的潜能，每个个体都具有先天性的、内在的、建设性的发展自我的倾向，寻求自我的整合，这与人本主义心理学所认为的有机体的基本倾向之一就是实现、保持和增强经验的自我思想一脉相承，但与人本主义心理学强调个体自身的作用，忽视环境对人类的影响不同，自我决定理论认为，个体自我成长的天性能否顺利发展受制于外部环境。根据自我决定理论，员工成长作为积极组织的产物来自积极组织所创造的积极环境。正如斯彼瑞尔等人（2005）提出员工成长是"社会嵌入式"的一种心理体验和状态，即个体在给定时点得到成长的程度依赖于所处的工作环境。

综上所述，本书认为，积极组织除了创造优异的组织绩效，还能实现员工成长。

由此提出 H2：积极组织对员工成长有正向作用。

自我决定理论认为，内在动机离不开环境的影响，但只有当环境满足了人的心理需要，环境的影响才能转化为内在动机。自我决定理论提出了三种基本的心理需要，即能力的心理需要、关系的心理需要、自主的心理需要。能力包括个体已经掌握的知识、技能、经验，也包括个体对自己能力的信念，即自我效能感。前者与舒尔茨所指的人力资本相一致，即凝集在劳动者身上的知识、技能及其所表现出来的劳动能力。这部分能力需要通过投资实现，舒尔茨将这部分投资分为五个方面：卫生保健设施和服务、在职培训、学校教育、成人教育计划、个人和家庭进行迁移以适应不断变化的就业机会。班杜拉（1986）提出了自我效能感形成和发展的四因素模型，即个人先前掌握的经验、他人替代性经验、他人评价和口头劝说、个人生理或情绪唤醒状态。陆昌勤等（2001）对影响自我效能感的影响因素进行了总结，认为包括前绩效、能力观、目标设置、反馈方式、知觉到的可控制性、组织异质性、文化因素和人口学变量。因此，组织要满足员工的能力需要通过提供完善的培训计划、提升员工的绩效、增加员工间的交流、构建学习型组织等措施来实现。关系需要是指个体有被重视以及和他人有联系的需要。瑞恩和德斯（Ryan and Deci, 2000）认为，安全无忧的关系感知环境有利于内在动机的产生。因为关系需要，当个体被他人肯定或者被关爱时会产生很强的积极性。噶尼和德斯（Gagne and Deci, 2005）认为，关系需要在外在动机例如价值观、规章制度等的内化过程中起着核心作用，即关系需要是外在动机转化为内在动机的核心推动力。因此，组织的价值观、组织文化、组织的规章制度等要为员工所接纳，就必须在组织中建立密切而和谐的人际关系，需要倡导相互关心、相互帮助、相互理解的组织氛围。尤其是领导要关爱员工、支持员工。瑞恩和里奇（Ryan and Lynch, 1989）的研究指出，同欧洲人相比，亚洲人的积极性更多来自关系需要的满足，而欧洲人则更多地来自自主需要的满足。很多研究也表明，在中国文化背景下，关系对个人的动机与行为产生着极其重要的作用。自主需要是指个体有自我管理的需要。自我决定理论认为，尽管内在动机的因素多种多样，但是自主性是最基本的条件。瑞恩和德斯（2006）对控制自主和支持自主两种不同环境的比较研究发现后者更能促使内在动机产生，并且与能力需要和关系需要相比，自主需要对内在动机的影响最大。噶尼和德斯（2005）对自主的前因变量和结果变量进行了总结，认为社会环境和个体差异共同影响自主性。其中社会环境主要指工作环境和内容，具体包括工作挑战性、工作自由度、工作原理获知、工作反馈。

在对员工成长的研究中，学者们虽然没有从自我决定理论出发，却也得到了类似的结论。例如，萨能先等人（Sonenshien et al., 2005）认为，影响员工成长的工作环境包括工作特性（挑战性、新颖性、多样化等）、人际氛围（包括上级、同事、客户等）、组织特征（文化、结构、地理位置）。帕瑞斯等人（2012）认为，组织可以通过决策权限、信息共享、反馈和相互尊重的氛围实现员工成长。

所以我们认为，积极组织所包含的积极组织管理、诚信领导、积极人际氛围、集体心理资本对员工成长均有显著正向作用。

H2a：积极组织管理对员工成长有正向作用；

H2b：诚信领导对员工成长有正向作用；

H2c：积极人际氛围对员工成长有正向作用；

H2d：集体心理资本对员工成长有正向作用。

3.2　积极组织成因对积极组织状态的作用

在深度访谈和文献整理的过程中，我们发现，积极组织的四个组成要素即积极组织管理、积极领导、集体心理资本和积极人际氛围之间不是并列关系。我们将积极组织管理和积极领导归为积极组织成因，集体心理资本和积极人际氛围归为积极组织状态。

集体心理资本是一种群体共享的积极心理状态，是存在于特定的群体或者组织中的，受到特定的群体或组织环境的影响才能发生。组织管理作为组织环境的组成部分必然会影响集体心理资本的形成。卢桑斯（2005）提出，心理资本可以通过组织干预得到有效提升，并得到了实证研究的支持。心理资本的干预措施包括设置目标、树立榜样、增加资源等管理手段。这说明企业可以通过有效地管理提升员工的心理资本。集体心理资本作为群体共享的积极心理状态更加受制于组织管理。例如吉森（Gibson，2001）采用准实验设计，选择护士为样本，考察了目标设定训练对集体效能感的提升效果。通过培训前和培训后的集体效能感的测量对比发现，培训条件下集体效能感有显著提升。布朗等人（Brown et al.，2003）同样采用准实验设计，选择大学生团队为样本，通过口头自我引导训练前后的集体效能感测量对比发现，训练条件下集体效能感有显著提升。

领导作为组织环境中的关键变量之一历来受到研究者的重视。领导成员交换关系（leader-member exchange）理论假设领导与下属会发展出不同的关系。领导只会与少数下属发展出亲密的关系并与他们进行高质量的交换，即形成"圈内人"。属于圈内人的下属会得到更多的自主性和责任；相反，"圈外人"只能得到雇佣合同范围内的交换关系。根据领导成员交换理论，领导给下属提供越多的关注、影响、支持等资源，就会得到下属更多的承诺（Dansereau et al.，1975）。夏米尔等人（Shamir et al.，2005）认为，诚信领导者主要具有四个方面的特征：首先，诚信领导者不伪装自己；其次，诚信领导者承担领导的职责或从事领导活动不是为了地位、荣誉或其他形式的个人回报，而是出于一种信念；再次，诚信领导者是原创者，而非拷贝者；最后，诚信领导者的行为是以自己的价值观和信念为基础。他们的所言与他们的信念是一致的，他们的所行则与他们的所言及信念一致，因此诚信领导者具有高度坦率的特点。阿瓦里尔和噶得那

（2005）通过文献分析总结了诚信领导的特点并与其他类似领导风格进行了比较，发现诚信领导与变革型领导和愿景型领导的相似度最高，但仍然具有明显差异。例如，同样都强调道德管理，但是变革型领导和愿景型领导的道德管理是受外部压力、社会互动和社会诱致所形成的，不是真实的自我体现，而诚信领导则完全通过他本人高水准的道德观提升下属的身份认同感，继而进一步影响下属的积极情感、工作态度和行为。阿瓦里尔（2004）描述了诚信领导影响下属的过程，第一次提出积极情感和信任在诚信领导过程中可能扮演的角色。噶得那（2005）认为，诚信领导以自己的言行为榜样，向下属展现高水平的自我认知、均衡信息加工、关系透明化、诚信行为来构建下属与诚信领导之间的信任和模仿行为，从而激发下属产生持续的高绩效。谢晓衡（2007）通过回归分析，发现诚信领导能够显著预测下属的满意度、角色绩效、组织认同、同事间利他行为等结果变量。通过领导成员交换关系理论和诚信领导理论可以发现，诚信领导拥有高水准的道德观，高度关注下属并且充分信任他们，通过坦诚透明、不偏不倚的态度整体提高了下属的承诺，让下属感受到工作的意义，并对未来保持乐观（Avolio，2004）。雅玛瑞侬等人（Yammarino et al.，2008）认为在组织层面，诚信领导的价值观和领导哲学会充满整个组织从而产生诚信组织，所有下属都会受到此影响，所以，诚信领导有助于形成集体心理资本，并通过集体心理资本提高集体和个体的绩效。

组织内的人际氛围作为组织气候最重要的维度之一常存在于组织气候的研究中（陈维政等，2005）。领导行为被认为是影响组织气候的重要因素，很多学者对两者之间的关系进行了相关性研究。在勒温（Lewin，1939）著名的领导风格研究实验中发现，领导行为与群体气氛的形成显著相关。在张一心（2000）研究中发现，领导的关怀行为与组织气候之间的相关性最高，有助于提高组织气候的支持度、专业度和亲密感。黄荣钦（2004）研究发现，领导行为与组织气候显著正向相关。从组织气候的众多研究结果中可以发现领导对人际氛围有显著影响。在中国这种高权利距离的文化背景下，领导对人际氛围的影响就更为显著，例如，杨付（2012）研究发现，中国文化背景下领导对组织人际和谐有显著影响。

由此提出 H3：积极组织管理、诚信领导对集体心理资本、积极人际氛围有正向作用。

H3a：积极组织管理对集体心理资本有正向作用；

H3b：诚信领导对集体心理资本有正向作用；

H3c：积极组织管理对积极人际氛围有正向作用；

H3d：诚信领导对积极人际氛围有正向作用。

3.3 集体心理资本和积极人际氛围的中介作用

自我决定理论包括四部分内容（Ryan and Deci，2006）：基本心理需求理论，阐述人的基本心理需求；认知评价理论，研究社会环境对内在动机的影响；有机整合理论，研究外在动机的内化；因果定向理论，研究人对自主性行为及支持自主性行为的环境的适应性方面的个体差异。其中，因果定向理论认为，个体差异对形成内在动机有重要影响。该理论指出，个体面对外部环境有三种不同的因果定向：自主定向、控制定向、非个人定向。具有自主定向的个体会利用环境信息进行选择和自我调节以达到自己的既定目标，表现出很高的自我决定性。当环境难以改变时，他们会进行自我调节去适应环境，即表现出较强的韧性。具有自主定向的个体依据环境提供的信息做出利于满足自己需求的选择，这减少了外部环境对内在动机的破坏，从而员工更容易得到成长。控制定向的个体用特定方式进行思考，个体总感觉被外部环境所控制，因而采取抵抗或者顺从行为，所以具有控制定向的个体不能依据环境提供的信息做出适当的调整从而降低了自主性，内在动机受到破坏。非个人定向的个体缺乏内在动机，行动无目的，循规蹈矩，无法完成自我成长。因果导向理论指出了自主导向的个体更容易得到成长，表现出适应环境的韧性和较强的内在动机，虽然该理论并没有清楚地解释是什么原因促使个体采取自主定向，但已经说明积极组织中员工是否能得到成长，除了环境因素还取决于员工采取正确的因果定向。按照积极心理学的观点，积极的心理个性和积极的心理状态能够给个人和组织带来积极的结果。实证研究表明，心理资本能够提高工作绩效、提升工作满意感、职场幸福和组织承诺（Luthans and Youssef，2007）。方伟（2008）通过实证研究发现，随着工作要求和工作复杂度的增加，心理资本越高的个体，表现出情绪衰竭的程度越低。戈德斯密斯等人（Gold-smith et al.，1997）通过实证研究发现，心理对个体的工资水平的影响比人力资本影响更大。卢桑斯等人（2005）在中国的实证研究中发现，中国员工的心理资本与直接领导对其工作评价直接相关。相关的这些研究表明心理资本能够增强员工的自我调节。在面对同样的社会环境时，心理资本越高的个体越容易形成自主定向，表现出高自我决定性，强化内在动机从而更易得到成长。积极组织要实现的是所有员工得到成长，就需要员工整体的心理资本较高。

根据社会控制理论（social control theory），个体在组织中的行为会受到来自两方面力量的影响：一方面，组织成员会自觉地把其在社会生活中所积习的群体规范部分内化，用以约束和检点自己的行为，从而形成相应的内部控制；另一方面，组织成员的行为也需要通过各种外在力量加以调整和修正，即形成所谓的外部控制。外部控制与内部控制的界限是相对的，两者可以相互渗透和转化（刘文彬，2009）。所以，积极组织中的个体成长会受到所在集体的影响。在中国文化背景下，受到中庸和集体主义思想的中国传统文化熏陶，个体心理和行为更容易受到来自集体心理和行为的影响。在对集体心理资本的内容之一——集体效能感的研究中，吉布森（Gibson，1999）、斯格布洛克等人（Schaubroeck et al.，2000）以及瓦伦布瓦等人（Walumbwa et al.，2005）发现，在东西方两种文化背景下，集体效能感与员工绩效或组织绩效等相关变量的关系存在显著的差异，即在中国或印度样本中，集体效能感的作用效果更为显著。这说明集体效能感及其作用机制深受社会文化的影响，东方文化更有利于集体效能感作用的发挥。所以，集体心理资本还对个体心理资本有加强的作用，从而加强个体的内在动机，使员工得到成长。

所以，本书认为，积极组织管理对员工成长的作用以及对组织绩效的作用通过集体心理资本进一步得到强化。

按照自我决定理论，领导作为组织环境的因素也会通过集体心理资本作用于员工个体，同时领导本身也正是通过影响下属集体来发挥作用。拉奇和贝令（Rauch and Behling，1984）提出，领导是影响有组织的团体的行动以达到团体目标的一种过程。雅克波斯和贾克斯（Jacobs and Jaques，1990）提出，领导是为集体努力制定目标，并促使成员为目标的实现而努力的过程。那哈万迪（Nahavandi，2003）认为，虽然对领导的定义各有差别，但有三个基本方面是相同的：其一，领导是一个集体现象，没有下属就没有领导者。那么，领导总是包含人与人之间的相互影响和服从。其二，领导是在某个行动过程中或要达到某一行动目标时所施加的影响。因此，领导具有目标导向，在一个集体或组织中起着积极的作用。其三，领导的存在是以一个群体内的等级存在为假设前提。等级是规范的、易于界定的，领导者处于组织内等级的顶层；同时，它也是非规范的，而且是灵活易变的。综合上述三方面的因素，领导可以被定义为对一个组织内的个人和集体施加影响、帮助他们确定目标、引导他们完成所确定目标的一些人。由此可见，领导就是通过对下属集体的作用来实现组织的目标，这与雅玛瑞侬等人（2008）的看法一致，即通过组织中不同层次的诚信领导风格（authentic leadership）与集体心理资本的关系进行了定性的分析，认为诚信领导风格有助于集体心理资本的形成，进而提高组织绩效。因此，我们认为，诚信领导对组织绩效以及员工个体的作用是通过集体心理资本来完成的。

根据自我决定理论、社会控制理论和领导理论，本书假设集体心理资本在积极组织管理、诚信领导与组织绩效、员工成长之间起着中介作用。

H4：集体心理资本具有中介作用。

H4a：集体心理资本在积极组织管理与组织绩效间起着中介作用；

H4b：集体心理资本在积极组织管理与员工成长间起着中介作用；

H4c：集体心理资本在诚信领导与组织绩效间起着中介作用；

H4d：集体心理资本在诚信领导与员工成长间起着中介作用。

根据社会信息加工理论（social information processing perspective；Salancik and Pfeffer，1978），组织成员间会相互提供社会信息，例如，组织成员会通过不断沟通向同事表达他们对工作环境的看法以及对工作场所中发生的各类事件的态度，成员们会一起讨论工作方面的需要以及价值观。成员间的社会信息交流不仅有助于他们理解复杂的工作环境，也有助于他们了解组织的行为准则。积极的人际氛围有助于增加成员间的信息交流，从而加强组织的管理政策和领导行为的作用。积极的人际氛围还有助于在群体中产生信任，信任可以降低组织内部的交易成本，促进组织成员间的积极互动，提高组织成员对于权威的接受。大量的研究表明，信任能够使组织和组织中的个体受益（李宁等，2007）。黄江泉（2009）认为，组织内部员工层面的人际关系在中国企业不仅是一个保健因素，更是一个激励因素，积极的人际关系能够有效促进员工与企业潜在能力的挖掘，成为企业可持续发展的稳定器与推进器。杨付、唐春勇（2010）通过实证研究得出，组织内员工间人际氛围和谐有利于提升员工的组织承诺。人际氛围作为组织气候的重要内容之一，其对组织及组织中员工的影响更多地表现在组织气候的研究中。利特文和斯准葛（Litwin and Stringer，1968）指出，组织气候能够通过组织成员的知觉来影响他们的行为动机和工作表现，是介于组织系统与组织成员行为之间的桥梁。陈维政等（2005）从组织气候的角度探索组织层面因素对员工工作投入的影响，得出组织气候中的人际氛围和领导风格维度对员工工作投入有显著影响。陈维政等（2005）还构建了以领导行为、组织文化为自变量，员工绩效和组织绩效为因变量的组织气候研究的综合模型。

因此，本书假设积极人际氛围在积极组织管理、诚信领导与组织绩效、员工成长间起着中介作用。

H5：积极人际氛围具有中介作用。

H5a：积极人际氛围在积极组织管理和组织绩效间起着中介作用；

H5b：积极人际氛围在诚信领导和组织绩效间起着中介作用；

H5c：积极人际氛围在积极组织管理和员工成长间起着中介作用；

H5d：积极人际氛围在诚信领导和员工成长间起着中介作用。

第 4 章

量 表 开 发

陈晓萍等（2008）指出，在管理学研究中，以下三种情况常常促使研究人员自行设计问卷量表：一是现有的量表不能满足研究的需要；二是研究的目的在于测试某一源自西方概念的跨文化的应用性；三是研究的目的在于开发新的概念或量表。本书所指的积极组织管理尚未见到有相应的概念和量表，所以本章将开发积极组织管理量表。

对于集体心理资本的测量目前有两种方法，第一种方法是直接应用个体心理资本测量量表，将测量结果聚合到集体层面。例如，斯密斯等（2009）在对集体心理资本与集体绩效的关系研究中，将某连锁公司的每一个店面作为一个集体，对店面中所有员工进行测量，然后聚合为该店面的集体心理资本。第二种方法是将个体心理资本测量量表改编为集体心理资本测量量表。例如，瓦伦布瓦等（2011）通过对 PCQ - 24 个体心理资本测量量表进行修改，将 24 个题项缩减为 8 个题项，保留原个体心理资本的四个维度，每个维度两个问题，并将个体层面的测量修订为群体层面的测量，例如，"群体成员想尽办法达成工作目标""群体成员乐观地面对将要发生的工作上的事件"等。韦斯特等（West et al., 2009）的研究使用了同样的思路，量表基本参照个体心理资本测量量表。为了使测量针对集体心理资本而不仅是个体心理资本的合并，每一个测量题项都被改为对集体层面的提问，例如，"我的团体通常看到我们所承担的项目中好的那一面。"

直接应用个体心理资本测量量表的方法由于不用开发新的量表使得操作比较简单，但是由于集体心理资本并不是集体中个体心理资本的简单加总，所以测量的效度欠佳。第二种方法按照集体心理资本的概念重新编制量表符合集体心理资本的特点，也使得测量较为准确，但是已有文献并没有给出较好的集体心理资本量表，这源自对量表的修订不够严谨，例如，瓦伦布瓦等（2011）将 24 个题项删减为 8 个题项，题项数未达到要求也没有进行探索性分析，韦斯特等（2009）的研究只是对个体心理资本的简单修订，并没有完整体现出集体心理资本与个体心理资本的差别。所以目前对于集体心理资本的测量均存在不足，现有的测量工具不能满足本书所需，本章将参考前人研究的思路重新修订集体心理资本测量量表。

4.1 积极组织管理的结构探索及量表开发

4.1.1 研究方法

通过对国内外关于积极组织管理和集体心理资本文献的全面阅读和整理，加上开放式问卷调查、深度访谈所收集到的积极组织管理和集体心理资本的内容项目编制初始测量量表。对所编制的初始测量量表进行预测试并对初始测量量表进行修订，使用修订后的量表进行大样本调查，对采集数据进行探索性因子分析，以确定积极组织管理和集体心理资本的因子结构。另外采用验证性因子分析检测量表的信度和效度，以得到具有较高信度和效度的积极组织管理问卷和集体心理资本问卷，为后续研究提供可靠的测量工具。

4.1.2 拟定量表题目

樊景立等（2008）提出了两种不同取向的量表题目拟定方法：归纳法和演绎法。归纳法主要通过定性的方法去了解测量的内容，一般可借助的方法有开放式问卷、面谈法、关键事件法和二手资料法；演绎法只需通过文献整理就可以对概念进行操作化。由于已有文献对积极组织并没有明确的定义，通过文献整理也很难对其进行完整的概括，所以本节采用归纳法来拟定量表题目。在数据采集具体方法的选择上，本节借鉴了徐淑英等（2004）在开发中国中层管理人员贡献与激励量表开发时的方法，即开放式问卷和个人访谈。开放式问卷和个人访谈的结果编码在积极组织结构探索中已经完成，如表 3.5 所示，其中属于积极组织管理的条目共 26 条，根据该 26 条条目编制 26 个题目组成积极组织管理初始测量量表。为了验证问题编制是否准确，本节请 1 位组织行为学资深专家和 10 位组织行为学的博士和硕士组成问卷试填小组。除了对问卷进行试填外还要求提出修改建议，在充分讨论和修改后确定积极组织管理初始问卷，如表 4.1 所示。

表 4.1 积极组织管理初始问卷

题号	主题定义	题目
glzd1	感恩的组织文化	我所在的组织大家有一种感恩的心
glzd2	工作压力适当	我所在的组织给员工施加的压力适当
glzd3	任人唯贤	我所在的组织任人唯贤
glzd4	公平竞争	我所在的组织实施公平竞争
glzd5	集体活动	我所在的组织经常开展集体活动
glzd6	工作环境宽松	我所在的组织有宽松的工作环境
glzd7	组织结构合理	我所在的组织有合理的组织结构
glzd8	学习型组织	我所在的组织很强调学习
glzd9	执行力强	我所在的组织有很强的执行力
glzd10	员工素质高	我所在的组织员工素质高
glzd11	对企业有感情	我所在的组织员工都对组织很有感情
glzd12	归属感强	我所在的组织让员工感受到了归属感
glzd13	制度完善	我所在的组织有完善的制度管理
glzd14	分工明确	我所在的组织分工明确
glzd15	沟通顺畅	我所在的组织沟通顺畅
glzd16	工作稳定	我所在的组织提供稳定的工作岗位
glzd17	工作环境舒适	我所在的组织工作环境很舒适
glzd18	自主式管理	我所在的组织实行自主式管理
glzd19	集思广益	我所在的组织经常听取员工的意见
glzd20	福利好	我所在的组织提供很好的福利
glzd21	薪酬满意	我所在的组织提供有竞争力的薪酬
glzd22	激励措施好	我所在的组织有很好的激励制度
glzd23	培训	我所在的组织有良好的培训制度

题号	主题定义	题目
glzd24	晋升机制完善	我所在的组织有良好的晋升制度
glzd25	人性关怀	我所在的组织实施人性化管理
glzd26	创新能力强	我所在的组织力争依靠创新来领先于主要竞争对手

为了避免填答者回答问卷时因为居中效应的影响而过多选择中间选项，问卷均采用6分制李克特量表。1分表示该陈述完全不符合被试者的实际情况，6分表示完全符合被试者的实际情况，被试者在1～6分之间进行选择。

4.1.3 积极组织管理量表探索性研究

对上节所编制的积极组织管理初始测量量表进行探索性研究。研究内容包括对积极组织管理初始测量量表的调查结果进行项目分析和因子分析，并根据分析结果删减题项，检验问卷信效度，形成积极组织管理的正式测量量表。

4.1.3.1 调查过程与样本概况

本节从成都、海南、广东等地进行了问卷调查，调查对象包括MBA学员和部分企业员工。为了保证填答质量和问卷回收量，调查前均向被调查者强调了本次研究的意义和重要性，并明确告知被调查者的调查内容保密，仅用于学术研究，所有问卷均采用当场作答。

按照预试样本的数量应以问卷中包括最多题项的分量表的3～5倍为原则（吴明隆，2003），共发放问卷300份，回收294份。剔除无效问卷50份，剔除标准：（1）问卷中整页无应答的问卷；（2）问卷中整页连续选择同一数字的问卷或有规律打分的问卷；（3）非企业问卷。最后保留244份有效问卷，有效问卷率为83%。

采用SPSS16.0统计软件作为分析工具。样本的个人信息和所在企业信息如表4.2和表4.3所示。

表 4.2 样本个人信息

变量名称		频次	频率	变量名称		频次	频率
性别	男	136	57.4%	工作年限	不满半年（含半年）	10	4.2%
	女	101	42.6%		半年~3年（含3年）	75	31.6%
年龄	30岁以下	123	52.1%		3~5年（含5年）	65	27.4%
	31~40岁	101	42.8%		5~10年（含10年）	61	25.8%
	41~50岁	11	4.7%		10年以上	26	11.0%
	50岁以上	1	0.4%	职位	高层	13	5.5%
学历	研究生	98	41.9%		中层	98	41.4%
	大专本科	112	47.9%		基层	54	22.8%
	高中或中专	21	9.0%		普通员工	72	30.3%
	初中及以下	3	1.2%				

表 4.3 样本所在企业信息

变量名称		频数	频率	变量名称		频数	频率
地域	四川	165	69.0%	组织规模	<100人	43	18.3%
	海南	29	12.1%		100~300人	60	25.5%
	广东	29	12.1%		301~600人	31	13.2%
	其他	11	6.8%		601~1000人	20	8.5%
行业	IT和高新技术	29	12.2%		1001~2000人	11	4.7%
	工程施工	46	18.4%		>2000人	70	29.8%
	传统制造业	54	22.8%	组织存续时间	3年及以下	17	7.1%
	服务业	88	37.1%		3~5年（含5年）	44	18.5%
	其他	20	9.5%		5~10年（含10年）	40	16.8%
企业性质	国有或国有控股	78	32.6%		10~20年（含20年）	58	24.4%
	民营或民营控股	85	35.6%		20年以上	79	33.2%
	外资或外资控股	47	19.7%				
	企业化经营的事业单位	29	12.1%				

4.1.3.2 项目分析

项目分析的检验就是探究高低分的被试者在每个题项的差异或进行题项间同质性检验，项目分析结果可作为个别题项筛选或修改的依据（吴明隆，2010）。项目分析的方法包括项目鉴别力分析、总分相关检验、信度系数检验等。为了使项目分析尽可能严谨，本节运用项目鉴别力分析、总分相关检验、信度系数检验三种方法分别进行项目分析。

（1）项目鉴别力分析。项目鉴别力分析以极端组即量表总得分前27%和后27%的差异比较求出每一个题目的临界比率，如果题目的临界比率值达到显著水平（$P < 0.05$），即表示这个题目能够鉴别出不同被试者的反应程度（吴明隆，2010）。项目鉴别力分析作为评价题目质量的主要指标之一，也是因子分析的前提和基础。

本节对于积极组织管理的26道题目分高分组和低分组进行了独立样本的 t 检验。对每一个题目是否具有鉴别度的具体分析遵循如下原则：如果某个题目的组别群体变异数相等性（levene's test for equality of variances）的 F 检验显著（Sig. 的值小于0.05），则表示两个组别的群体变异数不相等，此时考察假定变异数不相等（equal variances not assumed）的 t 值的显著性，若 t 值显著（Sig. 的值小于0.05），则此题具有鉴别度；若 t 值不显著（Sig. 的值大于0.05），则此题不具有鉴别度。反之，如果某个题目的组别群体变异数相等性的 F 检验不显著，则表示两个组别的群体变异数相等，此时考察假定变异数相等（equal variances assumed）的 t 值的显著性，若 t 值显著，则此题具有鉴别度，若 t 值不显著，则此题不具有鉴别度。独立样本 t 检验的结果如表4.4和表4.5所示。

表 4.4 组别统计量

题目	参与组别	个数	平均数	标准差	平均数的标准误
glzd1 我所在的组织大家有一种感恩的心	1	68	2.0882	0.84173	0.10208
	2	71	4.4930	1.10677	0.13135
glzd2 我所在的组织给员工施加的压力适当	1	68	2.6618	1.11449	0.13515
	2	71	4.2676	1.09489	0.12994

题目	参与组别	个数	平均数	标准差	平均数的标准误
glzd3 我所在的组织任人唯贤	1	68	2.1324	0.94481	0.11458
	2	71	4.3239	1.23952	0.14710
glzd4 我所在的组织实施公平竞争	1	68	2.3382	1.16683	0.14150
	2	71	4.6021	0.85207	0.10112
glzd5 我所在的组织经常开展集体活动	1	68	2.4118	1.05428	0.12785
	2	71	4.5070	1.11961	0.13287
glzd6 我所在的组织有宽松的工作环境	1	68	3.1176	1.39861	0.16961
	2	71	4.7042	0.96206	0.11418
glzd7 我所在的组织有合理的组织结构	1	68	2.8235	1.09191	0.13241
	2	71	4.8873	0.85439	0.10140
glzd8 我所在的组织很强调学习	1	68	2.6618	1.24121	0.15052
	2	71	5.0845	0.80616	0.09567
glzd9 我所在的组织有很强的执行力	1	68	2.8971	1.17359	0.14232
	2	71	4.9577	0.83558	0.09916
glzd10 我所在的组织员工素质高	1	68	2.5882	1.17480	0.14247
	2	71	4.8592	0.83317	0.09888
glzd11 我所在的组织员工都对组织很有感情	1	68	2.0294	0.89727	0.10881
	2	71	4.5915	0.91928	0.10910
glzd12 我所在的组织让员工感受到了归属感	1	68	2.0588	0.91231	0.11063
	2	71	4.6479	0.75779	0.08993
glzd13 我所在的组织有完善的制度管理	1	68	2.8676	1.34835	0.16351
	2	71	5.1268	0.86072	0.10215
glzd14 我所在的组织分工明确	1	68	2.9706	1.33797	0.16225
	2	71	5.0704	0.78055	0.09263
glzd15 我所在的组织沟通顺畅	1	68	2.4265	1.12391	0.13629
	2	71	4.9577	0.86910	0.10314

题目	参与组别	个数	平均数	标准差	平均数的标准误
glzd16 我所在的组织提供稳定的工作岗位	1	68	3.5147	1.47104	0.17839
	2	71	5.0000	0.82808	0.09827
glzd17 我所在的组织工作环境很舒适	1	68	2.8971	1.29453	0.15699
	2	71	4.9014	1.03032	0.12228
glzd18 我所在的组织实行自主式管理	1	68	2.7059	1.24659	0.15117
	2	71	4.4829	1.07918	0.12808
glzd19 我所在的组织经常听取员工的意见	1	68	2.1029	0.90008	0.10915
	2	71	4.6620	0.94027	0.11159
glzd20 我所在的组织提供很好的福利	1	68	2.5294	1.28679	0.15605
	2	71	4.8451	0.95091	0.11285
glzd21 我所在的组织提供有竞争力的薪酬	1	68	2.0588	0.99074	0.12014
	2	71	4.7324	0.97039	0.11516
glzd22 我所在的组织有很好的激励制度	1	68	1.8676	0.87936	0.10664
	2	71	4.6901	1.02248	0.12135
glzd23 我所在的组织有良好的培训制度	1	68	2.2206	1.06288	0.12889
	2	71	4.8023	0.96581	0.11462
glzd24 我所在的组织有良好的晋升制度	1	68	1.9853	1.05791	0.12829
	2	71	4.6338	0.89824	0.10660
glzd25 我所在的组织实施人性化管理	1	68	2.5735	1.17583	0.14259
	2	71	4.6479	0.91180	0.10821
glzd26 我所在的组织力争依靠创新来领先于主要竞争对手	1	68	2.0750	0.90611	0.10988
	2	71	4.6005	1.07972	0.12814

表 4.5	独立样本 t 检验				
题目	方差相等的 Levene's 检验		平均数相等的 t 检验		
	F	Sig.	t	df	Sig.(2 - tailed)
glzd1 我所在的组织大家有一种感恩的心	12. 271	0. 001	- 14. 372	137	0. 000
			- 14. 456	130. 393	0. 000
glzd2 我所在的组织给员工施加的压力适当	0. 391	0. 533	- 8. 568	137	0. 000
			- 8. 565	136. 488	0. 000
glzd3 我所在的组织任人唯贤	6. 227	0. 014	- 11. 686	137	0. 000
			- 11. 754	130. 510	0. 000
glzd4 我所在的组织实施公平竞争	4. 009	0. 047	- 13. 103	137	0. 000
			- 13. 017	122. 363	0. 000
glzd5 我所在的组织经常开展集体活动	0. 023	0. 881	- 11. 348	137	0. 000
			- 11. 363	136. 962	0. 000
glzd6 我所在的组织有宽松的工作环境	5. 131	0. 025	- 7. 821	137	0. 000
			- 7. 760	118. 242	0. 000
glzd7 我所在的组织有合理的组织结构	2. 167	0. 143	- 12. 439	137	0. 000
			- 12. 375	126. 862	0. 000
glzd8 我所在的组织很强调学习	10. 674	0. 001	- 13. 705	137	0. 000
			- 13. 584	114. 229	0. 000
glzd9 我所在的组织有很强的执行力	6. 138	0. 014	- 11. 965	137	0. 000
			- 11. 880	120. 634	0. 000
glzd10 我所在的组织员工素质高	13. 757	0. 000	- 13. 190	137	0. 000
			- 13. 095	120. 363	0. 000
glzd11 我所在的组织员工都对组织很有感情	1. 217	0. 272	- 16. 619	137	0. 000
			- 16. 628	136. 949	0. 000
glzd12 我所在的组织让员工感受到了归属感	0. 052	0. 819	- 18. 232	137	0. 000
			- 18. 159	130. 332	0. 000

续表

题目	方差相等的 Levene's 检验		平均数相等的 t 检验		
	F	Sig.	t	df	Sig. (2 - tailed)
glzd13 我所在的组织有完善的制度管理	14. 319	0. 000	-11. 825	137	0. 000
			-11. 718	113. 025	0. 000
glzd14 我所在的组织分工明确	11. 546	0. 001	-11. 360	137	0. 000
			-11. 239	106. 923	0. 000
glzd15 我所在的组织沟通顺畅	7. 715	0. 006	-14. 891	137	0. 000
			-14. 809	126. 123	0. 000
glzd16 我所在的组织提供稳定的工作岗位	37. 666	0. 000	-7. 375	137	0. 000
			-7. 293	104. 616	0. 000
glzd17 我所在的组织工作环境很舒适	8. 459	0. 004	-10. 122	137	0. 000
			-10. 073	127. 899	0. 000
glzd18 我所在的组织实行自主式管理	0. 977	0. 325	-8. 997	137	0. 000
			-8. 969	132. 408	0. 000
glzd19 我所在的组织经常听取员工的意见	0. 909	0. 342	-16. 378	137	0. 000
			-16. 394	137. 000	0. 000
glzd20 我所在的组织提供很好的福利	7. 427	0. 007	-12. 102	137	0. 000
			-12. 025	123. 164	0. 000
glzd21 我所在的组织提供有竞争力的薪酬	0. 301	0. 584	-16. 072	137	0. 000
			-16. 065	136. 437	0. 000
glzd22 我所在的组织有很好的激励制度	2. 646	0. 106	-17. 415	137	0. 000
			-17. 472	135. 460	0. 000
glzd23 我所在的组织有良好的培训制度	0. 462	0. 498	-14. 999	137	0. 000
			-14. 968	134. 412	0. 000
glzd24 我所在的组织有良好的晋升制度	0. 590	0. 444	-15. 934	137	0. 000
			-15. 878	131. 472	0. 000

续表

题目	方差相等的 Levene's 检验		平均数相等的 t 检验		
	F	Sig.	t	df	Sig. (2 - tailed)
glzd25 我所在的组织实施人性化管理	5.619	0.019	-11.651	137	0.000
			-11.588	126.300	0.000
glzd26 我所在的组织力争依靠创新来领先于主要竞争对手	2.585	0.110	-14.905	137	0.000
			-14.961	134.701	0.000

从表 4.5 可以看出，所有题目的 t 值显著，具有良好的鉴别效度，所以保留所有题目。

（2）总分相关检验。当题目与量表总分之间的相关系数低于 0.4 时，该题目就应该予以删除（吴明隆，2010）。积极组织管理量表的 26 个题目总分相关系数介于 0.511 至 0.788 之间，均大于 0.4 且全部显著，所以保留所有题目。

（3）信度系数检验。信度检验的指标是科隆巴赫系数（内部一致性 α 系数）。信度系数检验旨在检验题目删除后，整体量表的信度系数变化情形。如果题目被删除后的量表整体信度系数比原先的信度系数高出许多，则该题目与其余题目所要测量的属性或心理特质可能不相同，在项目分析时可考虑将此题项删除。

积极组织管理测量量表的整体信度为 0.954，各题目信度系数检验结果如表 4.6 所示。

表 4.6　　　积极组织管理的题目信度系数分析结果（N = 244）

题目	该题目与总分的相关系数	删除该题目后量表的 Cronbach's Alpha 系数	题目	该题目与总分的相关系数	删除该题目后量表的 Cronbach's Alpha 系数	量表整体信度
glzd1	0.680	0.952	glzd5	0.591	0.953	
glzd2	0.537	0.954	glzd6	0.576	0.953	0.954
glzd3	0.621	0.953	glzd7	0.697	0.952	
glzd4	0.702	0.952	glzd8	0.646	0.953	

续表

题目	该题目与总分的相关系数	删除该题目后量表的 Cronbach's Alpha 系数	题目	该题目与总分的相关系数	删除该题目后量表的 Cronbach's Alpha 系数	量表整体信度
glzd9	0.689	0.952	glzd18	0.548	0.954	
glzd10	0.665	0.952	glzd19	0.764	0.951	
glzd11	0.763	0.952	glzd20	0.595	0.953	
glzd12	0.762	0.952	glzd21	0.731	0.952	
glzd13	0.645	0.953	glzd22	0.773	0.951	0.954
glzd14	0.670	0.952	glzd23	0.732	0.952	
glzd15	0.740	0.952	glzd24	0.729	0.952	
glzd16	0.464	0.954	glzd25	0.655	0.953	
glzd17	0.641	0.953	glzd26	0.640	0.953	

由表 4.6 可以看出，26 道题目在分别被删除后，量表整体信度都没有比原来高出很多，所以保留所有题目。

4.1.3.3 探索性因子分析

项目分析后得到的题目应进一步检验量表的结构效度。结构效度是指量表能测量理论的概念或特质的程度。统计学上检验结构效度最常用的方法是因子分析方法。探索性因子分析的目的在于找出量表潜在的结构，减少题目的数目，使之变为一组较少而彼此相关较大的变量。本节的探索性因子分析步骤有如下几个方面：

（1）相关矩阵分析。相关矩阵中变量间最好不要完全低度相关或全部高度相关，若变量间的相关太低，则变量间很难抽出共同因素层面；但变量间的相关如果全部皆很高，则可能只能抽出一个共同因素而已。本节的筛选标准是题目间的相关系数至少与一个以上题目的相关系数大于 0.3，同时题目间的相关系数也不应大于 0.85（吴明隆，2010）。相关系数矩阵显示，积极组织管理量表的 26 道题目分别与其他题目相关系数均符合要求，所以保留所有题目。

（2）KMO 值与巴特勒（Bartlett's）球形检验。KMO 是取样适当性量数。当 KMO 值越大时（越接近于 1 时），表示变量间的共同因素越多，变量间的净相关系数越低，越适合进行因子分析。学者凯塞（Kaiser，1974）认为，指标统计量大于 0.6 即可接受，大于 0.8 则达到良好的标准。

巴特勒球形检验用于检验相关矩阵是否是单元矩阵，即各变量是否独立。若巴特勒球形检验结果未达到 0.05 的显著水平，则应接受虚无假设，表示是净相关系数矩阵。若是巴特勒球形检验结果达到显著，则拒绝虚无假设，即拒绝净相关矩阵不是单元矩阵的假设，接受净相关矩阵是单元矩阵的假设，代表总体的相关矩阵有共同因子存在，适合进行因子分析。

积极组织管理量表的 KMO 值与巴特勒球形检验结果如表 4.7 所示。

表 4.7　　　　　　　　　　　　KMO 和 Bartlett 检验

KMO and Bartlett's Test		
Kaiser – Meyer – Olkin 取样适切性量数		0.933
Bartlett 球形检验	近似卡方分布	2.450E3
	df	105
	Sig.	0.000

从表 4.7 可以看出，积极组织管理量表的 KMO 值大于 0.8，巴特勒球形检验结果显著，所以适合进行因子分析。

（3）共同性检验。共同性越高，表示该题目与其他题目可测量的共同特质越多，亦即该题目越有影响力；共同性越低，表示该题目越不适合投入主成分分析之中。判断标准是如果题目的共同性低于 0.2 可考虑将该题目删除（吴明隆，2010）。

本节中积极组织管理量表的 26 道题目共同性介于 0.412 ~ 0.812 之间，均大于 0.2，故保留所有题目。

（4）探索性因子分析结果。采用主成分萃取共同因子，保留特征根的值大于 1 的共同因子。由于本节认为积极组织管理量表各因子间存在相关，所以采用最优斜交旋转（promax）。关于题目的删选标准，哈利（Hari，1998）认为，要同时考虑因子分析时样本的大小，若是样本数较少，则因子负荷量的选取标准要较高；相对的，若是样本数较多，则因子负荷量的选取标准可以较低。陈顺宇（2004）列出样本大小与因子负荷量选取标准部分内容如表 4.8 所示。

表 4.8　　　　　　　　　　　样本大小与因子负荷量选取标准

样本大小	因子负荷量选取标准值
100	0.55
150	0.45
200	0.4
250	0.35
350	0.3

吴明隆（2010）也认为，因子负荷量的挑选准则最好在 0.4 以上。由于本章的样本量是 244，所以选取删选标准为：一是某个题目在单个因子上的载荷大于 0.4；二是某个题目同时在两个因子上的载荷都小于 0.4。

经过因子分析并结合碎石图，如图 4.1 所示，用主成分法萃取出特征根大于 1 的 3 个因子方差贡献率累计解释变异量达 69.141%，如表 4.9 所示。通过斜交旋转得到的因子负荷矩阵如表 4.9 所示，按照某个题目在单个因子上的载荷大于 0.4，同时在两个因子上的载荷都小于 0.4 的标准进行保留后共得到 14 个题。

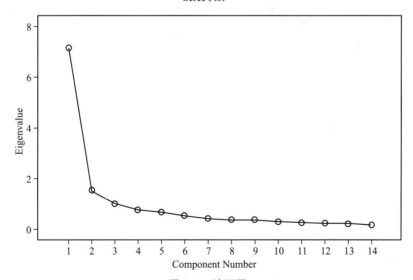

图 4.1　碎石图

表4.9　　　　　　　　　探索性因子分析结果（N = 244）

Pattern Matrix[a]

题目	Component		
	1	2	3
glzd23 我所在的组织有良好的培训制度	0.961	-0.128	0.026
glzd24 我所在的组织有良好的晋升制度	0.935	0.035	-0.120
glzd22 我所在的组织有很好的激励制度	0.842	0.085	-0.001
glzd21 我所在的组织提供有竞争力的薪酬	0.763	0.058	0.074
glzd2 我所在的组织给员工施加的压力适当	-0.234	0.927	-0.010
glzd1 我所在的组织大家有一种感恩的心	0.008	0.764	0.076
glzd4 我所在的组织实施公平竞争	0.271	0.731	-0.156
glzd3 我所在的组织任人唯贤	0.080	0.701	-0.005
glzd26 我所在的组织力争依靠创新来领先于主要竞争对手	0.152	0.648	-0.001
glzd12 我所在的组织让员工感受到了归属感	0.156	0.440	0.357
glzd16 我所在的组织提供稳定的工作岗位	-0.228	-0.064	0.980
glzd14 我所在的组织分工明确	-0.003	0.150	0.741
glzd17 我所在的组织工作环境很舒适	0.065	0.058	0.738
glzd13 我所在的组织有完善的制度管理	0.344	-0.172	0.684
特征值	7.149	1.530	1.000
解释变异量	51.065	10.931	7.146
累计解释变异量	51.065	61.995	69.141

　　根据各因子所反映的内容，本书将积极组织管理各维度分别命名为激励因子、文化因子、工作因子。

　　因子1：激励因子。这一维度主要指积极组织管理中采取的有助于对员工产生激励效果的管理活动或结果。由初始量表中的 glzd21、glzd22、glzd23、glzd24 题项构成。

　　因子2：文化因子。这一维度主要指积极组织管理中和组织文化有关的管理活动或结果。由初始量表中的 glzd1、glzd2、glzd3、glzd4、glzd12、glzd26 题项构成。

因子3：工作因子。这一维度主要指积极组织管理中和工作有关的管理活动或结果。由初始量表中的 glzd13、glzd14、glzd16、glzd17 题项构成。

（5）量表的信度检验。信度就是量表的可靠性或稳定性。在态度量表法中常用的检验信度的方法为卡朗巴哈（L. J. Cronbach）所创的 α 系数。α 系数值大于 0.70 是可以接受的量表边界值；α 系数值介于 0.7 ~ 0.8 之间相当好；α 系数值介于 0.8 ~ 0.9 之间非常好（吴明隆，2010）。积极组织管理量表的激励因子、文化因子、工作因子的 Cronbach α 系数分别是 0.912、0.871、0.826，整体量表的 Cronbach α 系数达到 0.925，均大于 0.8，所以积极组织管理量表具有很好的信度。

4.1.4 积极组织管理量表验证性研究

探索性因素分析没有很强的理论指导，它只适合在测验开发的初期使用。因此，我们对测验的内部结构（如因素负荷、潜变量间的相关等）有了比较清楚的预期时，验证性因素分析是最为直接的、带有假设检验性质的分析方法（陈晓萍等，2008）。

本节在四川省成都、攀枝花等地进行了问卷调查，调查对象是来自10余家企业的在职员工。调查对象考虑了均衡企业性质、行业、规模等因素。问卷上说明问卷仅供学术研究所用，承诺问卷完全匿名，由填答者自愿作答，并在问卷填答时再次强调。问卷填答大部分为现场作答，因此问卷的回收率较高，共计发放问卷 460 份，回收 419 份，回收率达到91%。在回收的问卷中剔除无效问卷，剔除标准：问卷中整页无应答的问卷；问卷中整页连续选择同一数字的问卷或有规律打分的问卷；样本在目前企业工作年限不超过半年的（含半年）的问卷；非企业问卷。共计剔除问卷 94 份，保留有效问卷 325 份，有效问卷率为 77.6%。

样本中男性占 66.7%，女性占 33.3%；40 岁以下占 80%；95%具有专科以上学历；普通员工占 12.6%，基层管理者或基层技术人员占 32.1%，中高层管理者或中高层技术人员占 55.3%；平均工作年限 8 年。

4.1.4.1 数据特性和违犯估计分析

对积极组织管理的测量量表进行验证性研究前对数据的特性进行检查，以确保其满足结构方差的基本假定，否则估计的参数将出现问题（黄芳铭，2005）。数据的特性分析结果如表 4.10 所示。

表 4.10　　　　积极组织管理量表观测变量的数据特性（N = 325）

潜变量	观测变量	均值	标准差	偏度		峰度	
				偏度	标准差	峰度	标准差
激励因子	glzd23	3.5696	1.35842	-0.066	0.135	-0.759	0.270
	glzd24	3.1415	1.35114	0.126	0.135	-0.739	0.270
	glzd22	3.3077	1.30907	0.205	0.135	-0.560	0.270
	glzd21	3.4129	1.40175	0.007	0.135	-0.764	0.270
文化因子	glzd2	3.5477	1.36141	-0.086	0.135	-0.848	0.270
	glzd1	3.2585	1.30796	0.195	0.135	-0.434	0.270
	glzd4	3.6028	1.38501	-0.117	0.135	-0.823	0.270
	glzd3	3.3754	1.43609	0.007	0.135	-0.969	0.270
	glzd26	3.1526	1.45253	0.166	0.135	-0.732	0.270
	glzd12	3.3372	1.30435	0.028	0.135	-0.642	0.270
工作因子	glzd16	4.5815	1.26819	-0.974	0.135	0.435	0.270
	glzd14	4.3354	1.26983	-0.687	0.135	-0.104	0.270
	glzd17	4.0031	1.33449	-0.460	0.135	-0.477	0.270
	glzd13	4.3200	1.37518	-0.670	0.135	-0.359	0.270

表 4.10 显示全部观测变量的偏度系数（skewness）绝对值介于 0.007 ~ 0.974 之间，均小于 3；峰度系数（kurtosis）绝对值介于 0.104 ~ 0.969 之间，均小于 10，因此本样本数据可视为符合正态分布（Kline，1998）。样本量约为观测变量数的 25 倍，能够满足结构方程大样本的要求，所以数据可以用于验证性因子分析。

所谓"违犯估计（offending estimates）"是指模型所输出的估计系数超出可接受范围的现象，即模型获得不当解的现象。许多学者指出，在评价模型的适配度之前应检查是否产生违犯估计。根据亥尔等（Hair et al.，1998）的观点，违犯估计发生的原因有三种：存在负误差变异；标准化系数超过或太接近 1；有太大的标准误差。

本节使用 AMOS17.0 对潜变量的所有标准化估计参数值，结果如表 4.11 所示。从表 4.11 中可以看出，观测变量的标准化系数取值范围介于

0.606～0.837 之间，均未大于 0.95，没有超过或太接近于 1，并且 t 值较大。另外，所有观测变量的标准误差均较小且无负值，测量误差介于 0.336～0.633 之间，没有过大且均大于零。这些结果表明所有观测变量均没有出现违犯估计。

表 4.11　潜变量的标准化估计参数值

潜变量	测量指标	标准化系数 λ	负荷 t 值	负荷标准误	信度系数（R^2）	测量误差 θ
激励因子	glzd23	0.678	—	—	0.634	0.366
	glzd24	0.767	18.897 ***	0.059	0.643	0.357
	glzd22	0.837	17.457 ***	0.070	0.664	0.336
	glzd21	0.745	15.029 ***	0.074	0.367	0.633
文化因子	glzd2	0.636	—	—	0.557	0.443
	glzd1	0.746	15.855 ***	0.077	0.457	0.543
	glzd4	0.810	16.760 ***	0.078	0.456	0.544
	glzd3	0.675	15.030 ***	0.075	0.657	0.343
	glzd26	0.676	14.476 ***	0.077	0.557	0.443
	glzd12	0.746	16.104 ***	0.074	0.404	0.596
工作因子	glzd16	0.606	—	—	0.555	0.445
	glzd14	0.815	15.282 ***	0.088	0.700	0.300
	glzd17	0.802	11.826 ***	0.118	0.588	0.412
	glzd13	0.796	15.435 ***	0.092	0.459	0.541

注：$P < 0.05$，标注 *；$P < 0.01$，标注 **；$P < 0.001$，标注 ***。

4.1.4.2　模型拟合度分析

本节使用 AMOS17.0 进行验证性因子分析，目的是比较多个模型之间的优劣，以确定最佳匹配模型并验证模型的信度和效度。

根据侯杰泰等（2004）的建议，本节采用卡方值/自由度（χ^2/df）、渐进残差均方和平方根（RMSEA）、拟合度指数（GFI）、比较拟合指数（IFI）、增值拟合指数（CFI）、正规拟合指数（NFI）、非正规拟合指数（NNFI）拟合指数来衡量模型的拟合情况。各指标的拟合度分析如表 4.12 所示。

表 4.12 拟合指数的拟合标准或临界值

指标名称	拟合标准或临界值
卡方值/自由度（χ^2/df）	当 $\chi^2/df < 3$ 时，观测数据与模型拟合很好，模型较好 当 $3 < \chi^2/df < 5$ 时，观测数据与模型基本拟合，模型可以接受 当 $\chi^2/df > 5$ 时，观测数据与模型拟合不好，模型较差
渐进残差均方和平方根（RMSEA）	RMSEA≤0.05，观测数据与模型拟合很好，模型可以接受 RMSEA 介于 0.05 与 0.1 之间，观测数据和模型基本拟合，模型尚可接受 RMSEA≥0.1，观测数据与模型拟合不好，模型不接受
拟合度指数（GFI）	大于 0.9
比较拟合指数（CFI）	大于 0.9，越接近于 1，表示观测数据与模型拟合越好
增值拟合指数（IFI）	大于 0.9，越接近于 1，表示观测数据与模型拟合越好
正规拟合指数（NFI）	大于 0.9，越接近于 1，表示观测数据与模型拟合越好
非正规拟合指数（NNFI）	大于 0.9，越接近于 1，表示观测数据与模型拟合越好

对积极组织管理的测量模型进行拟合的结果如表 4.13 所示。

表 4.13 积极组织管理测量模型拟合结果

拟合度指标	χ^2	df	χ^2/df	RMSEA	NFI	GFI	CFI	NNFI
模型拟合	174.909	76	2.301	0.062	0.936	0.935	0.962	0.948

由表 4.13 可知，卡方值自由度比 $\chi^2/df = 2.301$（小于 3）；RMSEA = 0.062（小于 0.1）；GFI = 0.935（大于 0.9）；CFI = 0.962（大于 0.9）；IFI = 0.936（大于 0.9）；NFI = 0.936（大于 0.9）；NNFI = 0.948（大于 0.9），所以模型拟合效果良好。

为了明确最佳匹配模型，本节设置了三个备择模型：一维模型，假定所有 14 个题目拥有共同潜变量——积极组织管理；二维模型，将激励因子和文化因子合并为一个维度，工作因子为一个维度；三维模型，激励因子、文化因子、工作因子分别构成的三维模型。对三个备择模型分别运用 AMOS17.0 软件进行模型验证，验证结果如表 4.14 所示。

表 4.14 因子竞争模型比较结果 （N = 325）

模型	χ^2	df	χ^2/df	RMSEA	NFI	GFI	IFI	CFI	NNFI
一维模型	322.135	78	4.13	0.098	0.859	0.896	0.889	0.888	0.849
二维模型	243.673	58	4.201	0.066	0.954	0.957	0.964	0.964	0.944
三维模型	174.909	76	2.301	0.062	0.936	0.935	0.963	0.962	0.948

从表 4.14 可以看出，一维模型的 χ^2/df 值大于 3，NFI，GFI，GFI，IFI，CFI，NNFI 均小于 0.9，说明一维模型拟合不理想，二维模型的 χ^2/df 值大于 3，相比之下三维模型拟合效果更佳，说明三维因子结构是最为合理的模型（侯杰泰、温忠麟、成子娟，2004）。

4.1.4.3 量表的信度检验和效度检验

（1）量表的信度检验。信度是测量结果的稳定性程度。对量表的信度检验包括各题项的检验，也包括对各潜变量的信度检验。虽然 Cronbach α 系数是使用最广泛的信度指标，但因为 Cronbach α 信度大小有受题项数目影响的嫌疑（黄芳铭，2005），因此，本节按照黄芳铭的建议，在进行 Cronbach α 信度检验时，同时使用组合信度（composite reliability，CR）检验。组合信度根据潜变量被观测变量所分享的程度来检验潜变量的信度，是结构方程模型本身发展出的一种可以用于检验潜变量的信度指标（黄芳铭，2005）。其计算公式如下：

$$\rho_c = (\sum \lambda)^2 / [(\sum \lambda)^2 + \sum (\theta)]$$

其中 ρ_c = 组合信度；

λ = 观测变量在潜变量上的标准化参数；

θ = 观测变量的测量误差。

从表 4.15 可以看出，积极组织管理测量量表中各潜变量的 Cronbach α 介于 0.826 与 0.912 之间，均大于 0.7（Hinkin，1998），因此，通过 Cronbach α 信度检验；同时各潜变量的组合信度 CR 介于 0.843 ~ 0.863，均大于 0.7，因此，通过组合信度检验（Hair et al.，1998）。积极组织管理测量量表是可靠的。

表 4.15 量表的信度检验

潜变量	测量指标	标准化负荷 λ	负荷 t 值	负荷标准误	信度系数（R²）	测量误差 θ	组合信度 CR	Cronbach 系数
激励因子	glzd23	0.678	—	—	0.634	0.366	0.844	0.912
	glzd24	0.767	18.897 ***	0.059	0.643	0.357		
	glzd22	0.837	17.457 ***	0.070	0.664	0.336	—	—
	glzd21	0.745	15.029 ***	0.074	0.367	0.633		
文化因子	glzd2	0.636	—	—	0.557	0.443	0.863	0.871
	glzd1	0.746	15.855 ***	0.077	0.457	0.543		
	glzd4	0.810	16.760 ***	0.078	0.456	0.544		
	glzd3	0.675	15.030 ***	0.075	0.657	0.343		
	glzd26	0.676	14.476 ***	0.077	0.557	0.443		
	glzd12	0.746	16.104 ***	0.074	0.404	0.596		
工作因子	glzd16	0.606	—	—	0.555	0.445	0.843	0.826
	glzd14	0.815	15.282	0.088	0.700	0.300		
	glzd17	0.802	11.826	0.118	0.588	0.412	—	—
	glzd13	0.796	15.435	0.092	0.459	0.541		

注：$P < 0.05$，标注 *；$P < 0.01$，标注 **；$P < 0.001$，标注 ***。

（2）量表的效度检验。效度指测量的正确性，即量表是否能够测量到其所要测量之潜在的概念（陈晓萍等，2008）。本节所用的效度检验主要是内容效度和构念效度。内容效度指逻辑上能够清晰反映研究中所要测量的概念和内容，构念效度由聚合效度和区分效度所组成，聚合效度指不同观测变量是否可用来测量同一潜变量；区分效度指不同的潜变量是否存在显著差异。

本节开发的量表按照扎根理论的要求通过开放式问卷、访谈法，文献整理收集资料，并通过开放式编码、转轴式编码等步骤编制形成初始问卷，再通过专家意见法、试调查对问卷进行修订，最后通过探索性因子分析确定最终测量量表，从而保证了量表的内容效度。

本节的构念效度使用验证性因子分析的结果进行判断。积极组织管理量表的验证性因子分析结果如图 4.2 和表 4.16 所示。

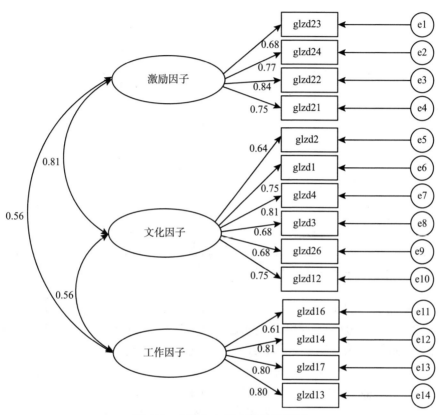

图 4.2 积极组织管理的结构模型

表 4.16 积极组织管理的验证性因子分析

潜变量	测量指标	标准化负荷 λ	负荷 t 值	测量误差 θ	平均变异量 抽取值 AVE
激励因子	glzd23	0.678	—	0.366	0.576
	glzd24	0.767	18.897 ***	0.357	
	glzd22	0.837	17.457 ***	0.336	
	glzd21	0.745	15.029 ***	0.633	

续表

潜变量	测量指标	标准化负荷 λ	负荷 t 值	测量误差 θ	平均变异量抽取值 AVE
文化因子	glzd2	0.636	—	0.443	0.514
	glzd1	0.746	15.855***	0.543	
	glzd4	0.810	16.760***	0.544	
	glzd3	0.675	15.030***	0.343	
	glzd26	0.676	14.476***	0.443	
	glzd12	0.746	16.104***	0.596	
工作因子	glzd16	0.606	—	0.445	0.577
	glzd14	0.815	15.282***	0.300	
	glzd17	0.802	11.826***	0.412	
	glzd13	0.796	15.435***	0.541	

注：P<0.05，标注*；P<0.01，标注**；P<0.001，标注***。

亥尔等（2006）认为，一个足够大的因素载荷代表测量题目有良好的收敛效度。一般而言，当因子载荷大于0.71，也就是该因素可以解释观测变量50%的变异量时，是非常理想的状况；若因子载荷大于0.63时，是非常好的状况；当因子载荷大于0.45时，是普通的状况；当因子载荷小于0.32时可以考虑删除（Tabachnica and Fidell, 2007；邱浩政, 2009）。根据表4.16，积极组织管理量表的所有题目因素载荷值都大于0.6且都非常显著（t值都远大于1.96），模型的拟合程度都处于可接受的水平，表明积极组织管理量表具有一定的结构效度。

佛奈尔和拉克尔（Fornell and Larcker, 1981）认为，可以进一步通过平均变异萃取量（average variance extracted, AVE）来反映一个潜变量能被一组观测变量有效估计的聚敛效度程度指标。计算公式如下：

$$AVE = \sum \lambda^2 / \left[\sum \lambda^2 + \sum (\theta) \right]$$

其中 AVE = 平均变异萃取量；

λ = 观测变量在潜变量上的标准化参数；

θ = 观测变量的测量误差。

判断平均变异萃取量的标准是大于0.5，则表明潜在变量的聚敛能力十分理想，具有良好的操作型定义（邱浩政, 2009）。

如表 4.17 所示，本节中积极组织管理量表的每个潜变量的平均变异萃取量介于 0.514 ~ 0.577 之间，均大于 0.5，所以积极组织管理量表具有良好的聚敛效度。

对于量表的区分效度，黄芳铭（2005）认为，可以通过检验平均变异数抽取量是否大于潜变量间的相关系数平方来检验。积极组织管理量表的检验结果如表 4.17 所示。

表 4.17 积极组织管理量表的区分效度

变量	激励因素	文化因素	工作因素
激励因素	(0.576)	—	—
文化因素	0.626	(0.514)	—
工作因素	0.429	0.455	(0.577)

注：表中括号内为平均变异数抽取量，潜变量相关系数来自 SPSS 因子分析的结果。

由表 4.17 可见，潜变量间相关系数最大值为 0.626，其平方值为 0.39，小于 AVE 最小值 0.514，所以积极组织管理量表的区分效度良好。

4.1.5 积极组织管理量表开发总结

根据对积极组织管理的结构探索得出，积极组织管理由激励因子、文化因子、工作因子构成。本节所开发的积极组织管理测量量表在内部一致性方面具有很好的信度，各因子具有很好的组合信度，同时也具有理想的效度。

组织管理的内容非常多，积极组织管理的内容探索结果说明，积极组织管理的重点在三个方面：激励员工、创建积极文化、优化员工工作。其中尤以激励员工最为重要（对积极组织管理的解释变异量最高，达到51%）。

积极组织管理量表开发的积极意义在于：（1）学术上，从本土化对积极组织管理的内容进行探索，明确了积极组织管理的结构，积极组织管理量表开发为积极组织理论的进一步研究提供了测量工具；（2）实践中，为企业实现积极组织管理提供了参考，即将管理的重点放在激励员工、创建积极文化、优化员工工作的方面，同时也为企业提供了积极组织管理的测量工具，企业可以依据该量表对企业目前组织管理的现状进行测量和分析，作为提高企业积极组织管理水平的依据。

4.2　集体心理资本结构探索及量表开发

4.2.1　拟定量表题目

集体心理资本量表题目来自三个途径：一是前文中开放式问卷经过编码后归类于集体心理资本的条目。二是对卢桑斯（2004）所编制的个体心理资本量表进行改编，改编的方式按照钱（Chan，1998）的建议：测量那些团队的指标不应当只是个体的总和，每个题项应当转化为对团队的测量。这同时也是沿用了瓦伦布瓦和韦斯特（2009）的做法。三是从文献中寻找有关的词条。四是通过整理编制出集体心理资本的初始量表。初始量表由 31 个题目组成，其中，5 个题目来自开放式问卷；15 个题目来自对个体心理资本量表的改编；11 个题目来自文献。

为了验证问题编制是否准确，本节请 1 位组织行为学资深专家和 10 位组织行为学的博士和硕士组成问卷试填小组。除了对问卷进行试填外，还要求提出修改建议，在充分讨论和修改后确定集体心理资本初始问卷由表 4.18 组成。

表 4.18　　　　　　　　　集体心理资本初始问卷

题号	主题定义	题目	来源
1	集体效能感	我的同事们能自信地分析并解决工作中的问题	改编自个体心理资本量表
2	集体效能感	我的同事们能自信地在管理层的会议中介绍自己的工作	改编自个体心理资本量表
3	集体效能感	我的同事们总是很自信地谈论组织战略	文献，瓦伦布瓦等（2009）
4	集体效能感	我的同事们总是很自信地设定工作目标	文献，韦斯特（2009）
5	集体效能感	我的同事们总是自信地与公司以外的人联络和讨论问题	改编自个体心理资本量表

题号	主题定义	题目	来源
6	集体效能感	我的同事们总是自信地向同事介绍资料	改编自个体心理资本量表
7	集体希望	我的同事们能够从逆境或者挑战中调整过来	改编自个体心理资本量表
8	集体希望	我的同事们理解组织目标并相信会获得成功	改编自个体心理资本量表
9	集体希望	我的同事们想尽办法达成工作目标	文瓦伦布瓦等（2009），开放式问卷
10	集体希望	我的同事们在工作中相当成功	改编自个体心理资本量表
11	集体希望	我所在的组织对于如何达成组织目标有清晰的计划	文献，瓦伦布瓦等（2009）
12	集体希望	此时，我的同事们正在达成组织目标	改编自个体心理资本量表
13	集体坚韧	我的同事们在工作上遇到挫折后难以调整好心态	改编自个体心理资本量表
14	集体坚韧	我的同事们经常想尽办法解决困难	文献，韦斯特（2009）
15	集体坚韧	我的同事们可以相对独立地处理工作	改编自个体心理资本量表
16	集体坚韧	我的同事们经常泰然自若地面对压力	文献，瓦伦布瓦等（2009）
17	集体坚韧	我的同事们总能走出工作中的困难	文献，瓦伦布瓦等（2009）
18	集体坚韧	我的同事们都能够同时处理很多事情	改编自个体心理资本量表
19	集体乐观	我的同事们在遇到未知数时，通常会盼望有最好的结果	改编自个体心理资本量表
20	集体乐观	我的同事们经常在工作中遇到困难	改编自个体心理资本量表
21	集体乐观	我的同事们通常看到我们所承担的项目中好的那一面	文献，韦斯特（2009）
22	集体乐观	我的同事们对组织和工作很乐观	文献，瓦伦布瓦等（2009）
23	集体乐观	我的同事们认为事情从来不如意	改编自个体心理资本量表
24	集体乐观	我的同事们总抱有"黑暗中总有一丝光明"的态度	改编自个体心理资本量表

题号	主题定义	题目	来源
25	集体主观幸福感	我的同事们发自内心地努力工作	文献，雅玛瑞侬等人（2008），开放式问卷（员工敬业）
26	集体情绪智力	我的同事们在积极健康的氛围中工作	文献，雅玛瑞侬等人（2008）
27	良好愿景	我的同事们认为我们的组织拥有清晰且积极的愿景	开放式问卷
28	朝气蓬勃	我的同事们朝气蓬勃	开放式问卷
29	组织发展前景好	我的同事们认为我们所在的组织发展前景很好	开放式问卷
30	有意义	我的同事们认为我们的工作很有意义	文献，卡扎、卡梅隆（2004）
31	积极上进	我的同事们积极上进	开放式问卷

为了避免填答者回答问卷时因为居中效应的影响而过多选择中间选项，问卷均采用6分制李克特量表。1分表示该陈述完全不符合被试者的实际情况，6分表示完全符合被试者的实际情况，被试者在1~6分之间进行选择。

4.2.2 集体心理资本量表探索性研究

对前文所编制的集体心理资本初始量表进行探索性研究。研究内容包括对集体心理资本初始量表的调查结果进行项目分析和因子分析，并根据分析结果删减题项，检验问卷信效度，形成集体心理资本的正式量表。

4.2.2.1 调查过程与样本概况

集体心理资本初始量表的调查过程与样本概况与积极组织管理初始量表的调查过程与样本概况相同，重复部分略去。

4.2.2.2 项目分析

（1）项目鉴别力分析。本节对于集体心理资本初始量表的31道题目分高分组和低分组进行了独立样本的 t 检验。独立样本 t 检验的结果如表

4.19 和表 4.20 所示。

表 4.19 组别统计量

组别统计量

题目	g	N	均值	标准差	均值标准误
jtxlzb1 我的同事们能自信地分析并解决工作中的问题	1	67	2.8955	0.93961	0.11479
	2	67	4.9254	0.72433	0.08849
jtxlzb2 我的同事们能自信地在管理层的会议中介绍自己的工作	1	67	2.8209	0.96806	0.11827
	2	67	4.6716	0.99068	0.12103
jtxlzb3 我的同事们总是很自信地谈论组织战略	1	67	2.2985	1.04468	0.12763
	2	67	4.1940	1.18371	0.14461
jtxlzb4 我的同事们总是很自信地设定工作目标	1	67	2.4020	1.01567	0.12408
	2	67	4.5075	1.15959	0.14167
jtxlzb5 我的同事们总是自信地与公司以外的人联络和讨论问题	1	67	2.7728	1.05594	0.12900
	2	67	4.7612	1.00136	0.12234
jtxlzb6 我的同事们总是自信地向同事介绍资料	1	67	2.7612	0.97062	0.11858
	2	67	4.6716	0.92749	0.11331
jtxlzb7 我的同事们能够从逆境或者挑战中调整过来	1	67	2.8209	0.91990	0.11238
	2	67	4.7015	0.77879	0.09514
jtxlzb8 我的同事们都理解组织目标并相信会获得成功	1	67	2.4478	0.87531	0.10694
	2	67	4.7313	0.84535	0.10328
jtxlzb9 我的同事们都想尽办法达成工作目标	1	67	2.8358	1.02391	0.12509
	2	67	5.0896	0.79260	0.09683
jtxlzb10 我的同事们在工作中相当成功	1	67	2.4776	0.85914	0.10496
	2	67	4.6866	0.80168	0.09794
jtxlzb11 我所在的组织对于如何达成组织目标有清晰的计划	1	67	2.5821	1.06101	0.12962
	2	67	4.8955	0.83728	0.10229
jtxlzb12 此时，我的同事们正在达成组织目标	1	67	2.7463	0.92676	0.11322
	2	67	4.7612	1.14269	0.13960

组别统计量					
题目	g	N	均值	标准差	均值标准误
jtxlzb13 我的同事们在工作上遇到挫折后难以调整好心态	1	67	3.8358	0.97851	0.11954
	2	67	3.7164	1.66793	0.20377
jtxlzb14 我的同事们经常想尽办法解决困难	1	67	3.0597	0.99819	0.12195
	2	67	5.0448	0.78688	0.09613
jtxlzb15 我的同事们可以相对独立地处理工作	1	67	3.3284	1.10629	0.13516
	2	67	5.1343	0.79574	0.09721
jtxlzb16 我的同事们经常泰然自若地面对压力	1	67	2.7761	0.77501	0.09468
	2	67	4.8930	0.78430	0.09582
jtxlzb17 我的同事们总能走出工作中的困难	1	67	2.8358	0.80898	0.09883
	2	67	4.7612	0.87195	0.10653
jtxlzb18 我的同事们都能够同时间处理很多事情	1	67	2.9104	1.11098	0.13573
	2	67	4.4627	0.97434	0.11903
jtxlzb19 我的同事们在遇到未知数时，通常会盼望有最好的结果	1	67	3.4812	1.04840	0.12808
	2	67	4.7164	1.01214	0.12365
jtxlzb20 我的同事们经常在工作中遇到困难	1	67	3.8026	0.95695	0.11691
	2	67	3.8704	1.22113	0.14918
jtxlzb21 我的同事们通常看到我们所承担的项目中的好的那一面	1	67	2.9833	0.99236	0.12124
	2	67	4.3582	1.08295	0.13230
jtxlzb22 我的同事们都对组织和工作很乐观	1	67	2.5970	0.85386	0.10432
	2	67	4.6147	0.86463	0.10563
jtxlzb23 我的同事们都认为事情从来不如意	1	67	3.6567	1.18772	0.14510
	2	67	4.0824	1.34175	0.16392
jtxlzb24 我的同事们总抱有"黑暗中总有一丝光明"的态度	1	67	2.8657	0.88584	0.10822
	2	67	4.5373	1.01993	0.12460
jtxlzb25 我的同事们都发自内心地努力工作	1	67	2.4589	1.03684	0.12667
	2	67	4.5522	0.87531	0.10694

续表

组别统计量

题目	g	N	均值	标准差	均值标准误
jtxlzb26 我的同事们在积极健康的氛围中工作	1	67	2.6607	0.89464	0.10930
	2	67	4.7164	0.79403	0.09701
jtxlzb27 我的同事们认为我们的组织拥有清晰且积极的愿景	1	67	2.5373	0.95867	0.11712
	2	67	4.9254	0.74495	0.09101
jtxlzb28 我的同事们都朝气蓬勃	1	67	2.6269	0.91843	0.11220
	2	67	4.8806	0.72868	0.08902
jtxlzb29 我的同事们认为我们所在的组织发展前景很好	1	67	2.5373	0.95867	0.11712
	2	67	4.8507	0.97318	0.11889
jtxlzb30 我的同事们认为我们的工作很有意义	1	67	2.6269	0.93478	0.11420
	2	67	4.7761	0.91818	0.11217
jtxlzb31 我的同事们积极上进	1	67	2.7015	0.95370	0.11651
	2	67	4.8507	0.74374	0.09086

表 4.20　　　　　　　　　　　　独立样本 t 检验

题目	列文方差齐性测试		等均值 t 检验		
	F	Sig.	t	df	Sig. (2 - tailed)
jtxlzb1	3.534	0.062	-14.005	132	0
			-14.005	123.970	0
jtxlzb2	0.444	0.506	-10.937	132	0
			-10.937	131.930	0
jtxlzb3	0.080	0.777	-9.828	132	0
			-9.828	129.992	0
jtxlzb4	0.374	0.542	-11.180	132	0
			-11.180	129.748	0
jtxlzb5	0.067	0.796	-11.184	132	0
			-11.184	131.630	0

续表

题目	列文方差齐性测试		等均值 t 检验		
	F	Sig.	t	df	Sig. (2 – tailed)
jtxlzb6	0.000	0.996	– 11.648	132	0
			– 11.648	131.728	0
jtxlzb7	0.513	0.475	– 12.771	132	0
			– 12.771	128.501	0
jtxlzb8	0.001	0.979	– 15.361	132	0
			– 15.361	131.840	0
jtxlzb9	1.555	0.215	– 14.247	132	0
			– 14.247	124.200	0
jtxlzb10	0.324	0.570	– 15.387	132	0
			– 15.387	131.372	0
jtxlzb11	6.992	0.009	– 14.010	132	0
			– 14.010	125.231	0
jtxlzb12	0.041	0.839	– 11.210	132	0
			– 11.210	126.605	0
jtxlzb13	37.083	0.000	0.505	132	0.614
			0.505	106.619	0.614
jtxlzb14	2.598	0.109	– 12.784	132	0
			– 12.784	125.176	0
jtxlzb15	9.918	0.002	– 10.848	132	0
			– 10.848	119.873	0
jtxlzb16	0.387	0.535	– 15.715	132	0
			– 15.715	131.981	0
jtxlzb17	1.960	0.164	– 13.250	132	0
			– 13.250	131.265	0
jtxlzb18	0.025	0.875	– 8.598	132	0
			– 8.598	129.790	0

续表

题目	列文方差齐性测试		等均值 t 检验		
	F	Sig.	t	df	Sig. (2 – tailed)
jtxlzb19	0.519	0.473	– 6.938	132	0
			– 6.938	131.837	0
jtxlzb20	4.200	0.042	– 0.357	132	0.721
			– 0.357	124.864	0.721
jtxlzb21	3.151	0.078	– 7.662	132	0
			– 7.662	131.005	0
jtxlzb22	0.150	0.699	– 13.591	132	0
			– 13.591	131.979	0
jtxlzb23	0.748	0.389	– 1.945	132	0.054
			– 1.945	130.085	0.054
jtxlzb24	2.043	0.155	– 10.129	132	0
			– 10.129	129.462	0
jtxlzb25	2.488	0.117	– 12.628	132	0
			– 12.628	128.387	0
jtxlzb26	0.940	0.334	– 14.067	132	0
			– 14.067	130.165	0
jtxlzb27	6.394	0.013	– 16.100	132	0
			– 16.100	124.409	0
jtxlzb28	6.735	0.011	– 15.735	132	0
			– 15.735	125.511	0
jtxlzb29	0.010	0.920	– 13.862	132	0
			– 13.862	131.970	0
jtxlzb30	0.014	0.905	– 13.426	132	0
			– 13.426	131.958	0
jtxlzb31	3.157	0.078	– 14.546	132	0
			– 14.546	124.602	0

从表 4.20 看出，集体心理资本问卷中的 13 题、20 题、23 题的 t 值不显著，不具有良好的鉴别度，所以删除这 3 题，保留其余题目。

（2）总分相关检验。集体心理资本量表的所有余下题目与总分相关系数介于 0.484 ~ 0.820 之间，均大于 0.4 且全部显著，所以保留所有余下题目。

4.2.2.3 信度系数检验

集体心理资本量表的整体信度为 0.965，各题目信度系数检验结果如表 4.21 所示。

表 4.21　　　　　　　　　集体心理资本测量量表信度分析

题目编号	该题目与总分的相关系数	删除该题目后量表的 Cronbach's α 系数	题目编号	该题目与总分的相关系数	删除该题目后量表的 Cronbach's α 系数	量表整体信度
jtxlzb1	0.720	0.963	jtxlzb16	0.739	0.963	
jtxlzb2	0.680	0.964	jtxlzb17	0.746	0.963	
jtxlzb3	0.583	0.965	jtxlzb18	0.562	0.965	
jtxlzb4	0.642	0.964	jtxlzb19	0.460	0.965	
jtxlzb5	0.684	0.964	jtxlzb21	0.471	0.965	
jtxlzb6	0.730	0.963	jtxlzb22	0.758	0.963	
jtxlzb7	0.739	0.963	jtxlzb24	0.585	0.964	
jtxlzb8	0.798	0.963	jtxlzb25	0.683	0.964	0.965
jtxlzb9	0.772	0.963	jtxlzb26	0.717	0.964	
jtxlzb10	0.807	0.963	jtxlzb27	0.780	0.963	
jtxlzb11	0.761	0.963	jtxlzb28	0.744	0.963	
jtxlzb12	0.657	0.964	jtxlzb29	0.685	0.964	
jtxlzb14	0.751	0.963	jtxlzb30	0.716	0.964	
jtxlzb15	0.648	0.964	jtxlzb31	0.760	0.963	

由表 4.21 可以看出，所有集体心理资本量表余下题目在分别被删除后，量表整体信度都没有比原来高出很多，所以保留所有余下题目。

4.2.2.4　探索性因子分析

（1）相关矩阵分析。相关系数矩阵分析结果表明，集体心理资本量表的余下题目与其他题目相关系数均符合要求，所以保留所有余下题目。

（2）KMO 值与 Bartlett's 球形检验。集体心理资本量表的 KMO 值与 Bartlett's 球形检验结果如表 4.22 所示。

表 4.22　　　　　　　KMO 与巴特勒球形（Bartlett）检验

KMO 与巴特勒球形检验		
Kaiser – Meyer – Olkin Measure of Sampling Adequacy.		0.954
Bartlett's Test of Sphericity	Approx. Chi – Square	4.974E3
	df	351
	Sig.	0.000

从表 4.22 看出，集体心理资本量表的 KMO 值大于 0.8，Bartlett's 球形检验结果显著，所以适合于进行因子分析。

（3）共同性检验。集体心理资本量表的余下题目共同性介于 0.456～0.730 之间，均大于 0.2，故保留所有余下题目。

（4）探索性因子分析结果。集体心理资本量表各因子间存在相关性，所以本节采用最优斜交旋转（promax）。经过因子分析并结合碎石图，如图 4.3 所示；用主成分法萃取出特征根大于 1 的 3 个因子方差贡献率累计解释变异量达 69.889%，如表 4.23 所示；通过斜交旋转得到的因子负荷矩阵如表 4.23 所示，按照某个题目在单个因子上的载荷大于 0.4，同时在两个因子上的载荷都小于 0.4 的标准进行保留后共得到15 个题目。

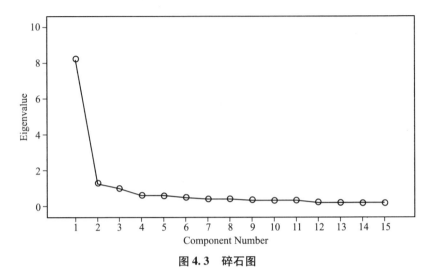

图 4.3　碎石图

表 4.23　　　　　　　　集体心理资本探索性因子分析结果

Pattern Matrix[a]

题目	Component		
	1	2	3
jtxlzb29 我的同事们认为我们所在的组织发展前景很好	0.942	0.158	0.019
jtxlzb30 我的同事们认为我们的工作很有意义	0.927	0.024	−0.069
jtxlzb31 我的同事们积极上进	0.821	0.165	−0.102
jtxlzb25 我的同事们都发自内心地努力工作	0.741	0.115	−0.046
jtxlzb27 我的同事们认为我们的组织拥有清晰且积极的愿景	0.711	−0.020	0.201
jtxlzb8 我的同事们都理解组织目标并相信会获得成功	0.538	0.055	0.332
jtxlzb28 我的同事们都朝气蓬勃	0.476	0.321	0.099
jtxlzb18 我的同事们都能够同时间处理很多事情	−0.096	0.908	−0.104
jtxlzb15 我的同事们都可以相对独立地处理工作	0.008	0.844	−0.047

续表

Pattern Matrix^a

题目	Component		
	1	2	3
jtxlzb14 我的同事们经常想尽办法解决困难	0.187	0.749	-0.032
jtxlzb17 我的同事们总能走出工作中的困难	0.063	0.704	0.144
jtxlzb4 我的同事们总是很自信地设定工作目标	0.074	-0.129	0.855
jtxlzb5 我的同事们总是自信地与公司以外的人联络和讨论问题	-0.206	0.226	0.851
jtxlzb3 我的同事们总是很自信地谈论组织战略	0.129	-0.251	0.850
jtxlzb6 我的同事们总是自信地向同事介绍资料	-0.028	0.266	0.675
特征值	8.196	1.258	1.029
解释变异量	56.641	8.389	6.860
累计解释变异量	56.641	63.030	69.889

根据各因子反映的内容，本书将集体心理资本各维度分别命名为集体希望、集体坚韧、集体效能感。

因子1：集体希望。这一维度主要指组织中员工整体对未来充满希望。由初始量表中的 jtxlzb29、jtxlzb30、jtxlzb31、jtxlzb25、jtxlzb27、jtxlzb8、jtxlzb28 题项构成。

因子2：集体坚韧。这一维度主要指组织中员工整体具有从经历的失败、挫折、冲突和其他有威胁的状况中恢复的能力。由初始量表中的 jtxlzb18、jtxlzb15、jtxlzb14、jtxlzb17 题项构成。

因子3：集体效能感。这一维度主要指组织中员工整体对于成功地完成特定任务或取得特定水平成就的能力的共同信念。由初始量表中的 jtxlzb4、jtxlzb5、jtxlzb3、jtxlzb6 题项构成。

（5）量表的信度检验。集体心理资本量表的集体希望、集体坚韧、集体效能感三个因子的 Cronbach α 系数分别是 0.895、0.876、0.843，整体量表的 Cronbach α 系数达到 0.965，均大于 0.8，所以集体心理资本量表具有很好的信度。

4.2.3　集体心理资本量表验证性研究

集体心理资本测量量表验证性研究与积极组织管理测量量表验证性研究来自同一样本，所以关于问卷的调查过程和样本情况在此略去。

4.2.3.1　数据特性和违犯估计分析

数据的特性分析结果如表4.24所示。

表4.24　　集体心理资本测量量表观测变量的数据特性（N=325）

潜变量	观测变量	均值	标准差	偏度		峰度	
				偏度	标准差	峰度	标准差
集体希望	jtxlzb29	3.7508	1.17696	-0.146	0.135	-0.301	0.270
	jtxlzb30	3.6554	1.23404	-0.094	0.135	-0.553	0.270
	jtxlzb31	3.6185	1.26038	-0.023	0.135	-0.607	0.270
	jtxlzb25	3.4369	1.17583	-0.214	0.135	-0.440	0.270
	jtxlzb27	3.5785	1.22632	-0.132	0.135	-0.371	0.270
	jtxlzb8	3.5503	1.20183	-0.067	0.135	-0.525	0.270
	jtxlzb28	3.5908	1.22798	-0.176	0.135	-0.535	0.270
集体坚韧	jtxlzb18	3.7692	1.17022	-0.228	0.135	-0.202	0.270
	jtxlzb15	4.1508	1.10220	-0.622	0.135	0.127	0.270
	jtxlzb14	3.9815	1.11096	-0.317	0.135	-0.194	0.270
	jtxlzb17	3.7692	1.09106	-0.120	0.135	-0.142	0.270
集体效能感	jtxlzb4	3.2924	1.23137	-0.023	0.135	-0.559	0.270
	jtxlzb5	3.6010	1.26407	-0.063	0.135	-0.485	0.270
	jtxlzb3	3.1600	1.28582	0.119	0.135	-0.570	0.270
	jtxlzb6	3.5477	1.13653	-0.265	0.135	-0.187	0.270

如表4.24所示，结果显示全部观测变量的偏度系数（skewness）绝对值介于0.023~0.622之间，均小于3；峰度系数（kurtosis）绝对值介于0.127~0.607之间，均小于10，因此本样本数据可视为符合正态分布

（Kline，1998）。样本量约为观测变量数的 25 倍，能够满足结构方程大样本的要求，所以数据可以用于验证性因子分析。

本节使用 AMOS17.0 对潜变量的所有标准化估计参数值，结果如表4.25 所示。

表 4.25　　　　　　　　　　潜变量的所有标准化估计参数值

潜变量	测量指标	标准化系数 λ	负荷 t 值	负荷标准误差	信度系数（R^2）	测量误差 θ
集体希望	jtxlzb29	0.773	—	—	0.597	0.403
	jtxlzb30	0.676	16.038 ***	0.052	0.457	0.543
	jtxlzb31	0.810	20.416 ***	0.049	0.657	0.343
	jtxlzb25	0.738	14.567 ***	0.060	0.545	0.455
	jtxlzb27	0.811	14.524 ***	0.071	0.657	0.343
	jtxlzb8	0.755	16.366 ***	0.056	0.569	0.431
	jtxlzb28	0.762	16.160 ***	0.059	0.581	0.419
集体坚韧	jtxlzb18	0.742	16.206 ***	0.062	0.551	0.449
	jtxlzb15	0.776	—	—	0.603	0.397
	jtxlzb14	0.742	16.153 ***	0.059	0.550	0.450
	jtxlzb17	0.784	17.630 ***	0.056	0.615	0.385
集体效能感	jtxlzb4	0.878	—	—	0.771	0.229
	jtxlzb5	0.664	15.056 ***	0.059	0.441	0.559
	jtxlzb3	0.809	19.697 ***	0.048	0.654	0.346
	jtxlzb6	0.694	16.286 ***	0.043	0.482	0.518

注：$P<0.05$，标注 ＊；$P<0.01$，标注 ＊＊；$P<0.001$，标注 ＊＊＊。

从表 4.25 中可以看出，观测变量的标准化系数取值范围介于 0.664 ~ 0.878 之间，均未大于 0.95，没有超过或太接近于 1，并且 t 值较大。另外，所有观测变量的标准误差均较小且无负值，测量误差介于 0.343 ~ 0.559 之间，没有过大且均大于零。这些结果表明所有观测变量均没有出现违犯估计。

4.2.3.2　模型拟合度分析

对集体心理资本测量模型进行拟合的结果如表 4.26 所示。

表 4.26　　　　　　　　　集体心理资本的模型拟合指标

χ^2	df	χ^2/df	RMSEA	NFI	GFI	IFI	CFI	NNFI
145.355	63	2.307	0.050	0.967	0.961	0.981	0.981	0.968

由表 4.26 可知，卡方自由度比 χ^2/df = 2.307（小于 3）；RMSEA = 0.050（小于 0.1）；NFI = 0.967（大于 0.9）；GFI = 0.961（大于 0.9）；IFI = 0.981（大于 0.9）；CFI = 0.981（大于 0.9）；NNFI = 0.968（大于 0.9），所以模型拟合效果良好。

为了明确最佳匹配模型，本节设置了三个备择模型：一维模型，假定所有 15 个题目拥有共同潜变量——集体心理资本；二维模型，将集体坚韧和集体效能感合并为一个维度，集体希望为一个维度；三维模型，集体希望、集体坚韧、集体效能感分别构成的三维模型。对三个备择模型分别运用 AMOS17.0 软件进行模型验证，验证结果如表 4.27 所示。

表 4.27　　　　　　　　因子竞争模型比较结果（N = 325）

模型	χ^2	df	χ^2/df	RMSEA	NFI	GFI	IFI	CFI	NNFI
一维模型	270.281	106	2.55	0.068	0.919	0.949	0.949	0.949	0.934
二维模型	252.992	105	2.409	0.064	0.908	0.924	0.954	0.954	0.940
三维模型	145.355	63	2.307	0.050	0.967	0.961	0.981	0.981	0.968

从表 4.27 可以看出，虽然三个比较模型的模拟指数均符合要求，但是三维模型的模拟指数最佳，所以三维模型是最适合的模型（侯杰泰、温忠麟、成子娟，2004）。

4.2.3.3　量表的信度检验和效度检验

（1）量表的信度检验。集体心理资本测量量表的信度检验结果如表 4.28 所示。

表 4.28　　　　　　　　集体心理资本测量量表的信度检验

潜变量	测量指标	标准化负荷 λ	负荷 t 值	负荷标准误差	信度系数（R²）	测量误差 θ	组合信度 CR	Cronbach α 系数
集体希望	jtxlzb29	0.773	—	—	0.597	0.403	0.906	0.895
	jtxlzb30	0.676	16.038	0.052	0.457	0.543		
	jtxlzb31	0.810	20.416	0.049	0.657	0.343		
	jtxlzb25	0.738	14.567	0.060	0.545	0.455		
	jtxlzb27	0.811	14.524	0.071	0.657	0.343		
	jtxlzb8	0.755	16.366	0.056	0.569	0.431		
	jtxlzb28	0.762	16.160	0.059	0.581	0.419		
集体坚韧	jtxlzb18	0.742	16.206	0.062	0.551	0.449	0.846	0.876
	jtxlzb15	0.776	—	—	0.603	0.397		
	jtxlzb14	0.742	16.153	0.059	0.550	0.450		
	jtxlzb17	0.784	17.630	0.056	0.615	0.385		
集体效能感	jtxlzb4	0.878	—	—	0.771	0.229	0.849	0.843
	jtxlzb5	0.664	15.056	0.059	0.441	0.559		
	jtxlzb3	0.809	19.697	0.048	0.654	0.346		
	jtxlzb6	0.694	16.286	0.043	0.482	0.518		

由表 4.28 所示，集体心理资本测量量表中各潜变量的 Cronbach α 介于 0.843~0.895 之间，均大于 0.7（Hinkin，1998），因此通过 Cronbach α 信度检验；同时各潜变量的组合信度 CR 介于 0.846~0.906 之间，均大于 0.7，因此通过组合信度检验（Hair et al.，1998）。因此，集体心理资本量表是可靠的。

（2）量表的效度检验。本节开发的量表按照扎根理论的要求通过开放式问卷、访谈法、文献整理收集资料，并通过开放式编码、转轴式编码等步骤编制形成初始问卷，再通过专家意见法，试调查对问卷进行修订，最后通过探索性因子分析确定最终测量量表，从而保证量表的内容效度。对于所引用的问卷，是借鉴和参考已有研究文献，或直接翻译引用已有量表。在参考已有研究文献时考虑了测量量表题目是否与本书所指集体心理资本相符合，测量量表曾经被使用的情况。对直接翻译引用的已有量表请英语专业人士翻译并回译，并采用专家意见法进行讨论，最后确定测量题目，从而保证量表的内容效度。

集体心理资本测量量表的验证性因子分析结果如图4.4、表4.29、表4.30所示。

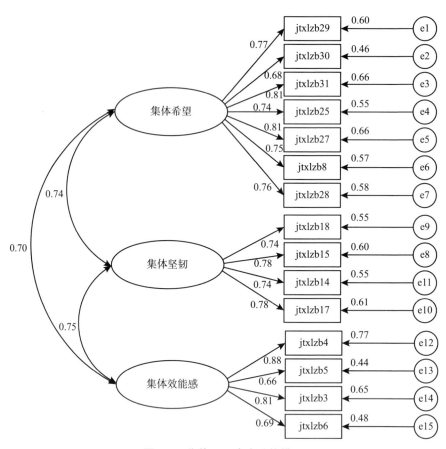

图 4.4 集体心理资本结构模型

表 4.29 集体心理资本结构模型模拟指数

χ^2	df	χ^2/df	RMSEA	NFI	GFI	IFI	CFI	NNFI
145.355	63	2.307	0.050	0.967	0.961	0.981	0.981	0.968

表 4.30　　　　　　　　　　集体心理资本的验证性因子分析

潜变量	测量指标	标准化负荷 λ	负荷 t 值	负荷标准误差	测量误差 θ	平均变异量抽取值 AVE
集体希望	jtxlzb29	0.773	—	—	0.403	0.581
	jtxlzb30	0.676	16.038 ***	0.052	0.543	
	jtxlzb31	0.810	20.416 ***	0.049	0.343	
	jtxlzb25	0.738	14.567 ***	0.060	0.455	
	jtxlzb27	0.811	14.524 ***	0.071	0.343	
	jtxlzb8	0.755	16.366 ***	0.056	0.431	
	jtxlzb28	0.762	16.160 ***	0.059	0.419	
集体坚韧	jtxlzb18	0.742	16.206 ***	0.062	0.449	0.580
	jtxlzb15	0.776	—	—	0.397	
	jtxlzb14	0.742	16.153 ***	0.059	0.450	
	jtxlzb17	0.784	17.630 ***	0.056	0.385	
集体效能感	jtxlzb4	0.878	—	—	0.229	0.587
	jtxlzb5	0.664	15.056 ***	0.059	0.559	
	jtxlzb3	0.809	19.697 ***	0.048	0.346	
	jtxlzb6	0.694	16.286 ***	0.043	0.518	

注：$P < 0.05$，标注 *；$P < 0.01$，标注 **；$P < 0.001$，标注 ***。

分析结果表明，集体心理资本量表的所有题项的标准化负荷系数都大于 0.66 且 t 值都远大于 1.96，表明集体心理资本量表具有一定的结构效度。另外每个因子的平均变异萃取量介于 0.580～0.587 之间，均大于0.5，所以集体心理资本量表具有良好的聚敛效度。

对于集体心理资本测量量表的区分效度检测结果如表 4.31 所示。

表 4.31　　　　　　　　集体心理资本测量量表的区分效度

变量	集体希望	集体坚韧	集体效能感
集体希望	(0.581)	—	—
集体坚韧	0.584	(0.580)	—
集体效能感	0.555	0.563	(0.587)

注：表中括号内为平均变异数抽取量，潜变量相关系数来自 SPSS 因子分析的结果。

由表 4.31 可见，潜变量间相关系数最大值为 0.587，其平方值为 0.341，小于 AVE 最小值 0.580，所以积极组织管理测量量表的区分效度良好。

4.2.4　集体心理资本量表开发总结

根据对集体心理资本的结构探索得出，集体心理资本由集体希望、集体坚韧、集体效能感构成。本书所开发的积极组织管理量表在内部一致性方面具有很好的信度，各潜变量具有很好的组合信度，同时也具有理想的效度。

本书中集体心理资本的三个维度与个体心理资本的四个维度以及西方学者的集体心理资本四个维度有一定差异。主要表现在个体心理资本包括自我效能感、希望、坚韧、乐观四个维度，西方学者在个体心理资本理论的基础上发展的集体心理资本也相应地包括集体效能感、集体希望、集体坚韧、集体乐观四个维度。本书中集体心理资本仅包含集体希望、集体坚韧和集体效能感三个维度。并且集体希望维度中增加了本土化的内容，例如，"组织发展前景好""同事们积极上进""工作有意义""发自内心地努力工作"等。同时，集体希望也是对集体心理资本解释度最高的因子（解释变异量达到 56.4%）。这说明在中国文化背景下，员工整体的积极心态与乐观相关度不大，更重要的来自集体希望。中国员工更看重组织的未来发展以及自己在组织中可能得到的发展，这也与积极组织管理量表中"晋升机制完善""培训""学习型组织"等词条出现频率高的现象具有一致性。

集体心理资本量表开发的积极意义在于：（1）学术上，从本土化对集体心理资本的内容进行探索，明确了集体心理资本的结构，为集体心理资本以及积极组织理论的进一步研究提供了测量工具；（2）实践中，为企业提高员工整体心态提供了参考，即重点在于提高员工集体希望、集体坚韧和集体效能感三个方面。同时也为企业提供了集体心理资本的测量工具，企业可以依据该量表对企业员工集体心理资本现状进行测量和分析，作为提高员工集体心理资本的依据。

第 5 章

研究变量的界定和数据预处理

为了对第 3 章提出的假设进行检验，需要对假设涉及的研究变量进行界定。本章主要介绍研究变量的界定和测量、本次调研中组织和个体样本的选取和抽样方法，以及数据预处理的过程和结果。

5.1 问 卷 设 计

本章采用问卷调查的研究方法，问卷的内容包括两个部分：第一部分是主要的研究变量，包括积极组织管理、诚信领导、积极人际氛围、集体心理资本、员工成长、组织绩效共六个分问卷；第二部分是受访者的基本资料，包括性别、年龄、受教育程度、职位、工作年限，以及受访者所在地域、企业性质、所在行业、存续时间。

5.1.1 积极组织管理的界定和测量

本书所指的积极组织管理是为实现积极组织而采取的一系列管理活动，包括激励因子、文化因子、工作因子。

积极组织管理的测量工具来自第 3 章所开发的中国本土化的积极组织管理量表。量表分为三个部分，包括激励因子分量表、文化因子分量表、工作因子分量表。其中，激励因子分量表由 4 个题目构成，文化因子分量表由 6 个题目构成，工作因子分量表由 4 个题目构成。问卷使用李克特 6 点尺度法，分数越高，表示被试者越同意题目中的描述；分数越低，表示被试者越不同意题目中的描述。请被试者根据所在企业的真实感受在适当的数字上打"√"。积极组织管理测量题目如表5.1所示。

表5.1　　　　　　　　　　　积极组织管理测量题目

变量	题目编号	题目
激励因子	glzd1	我所在的组织有良好的培训制度
	glzd2	我所在的组织有良好的晋升制度
	glzd3	我所在的组织有很好的激励制度
	glzd4	我所在的组织提供有竞争力的薪酬
文化因子	glzd5	我所在的组织给员工施加的压力适当
	glzd6	我所在的组织大家有一种感恩的心
	glzd7	我所在的组织实施公平竞争
	glzd8	我所在的组织任人唯贤
	glzd9	我所在的组织力争依靠创新来领先于主要竞争对手
	glzd10	我所在的组织让员工感受到了归属感
工作因子	glzd11	我所在的组织提供稳定的工作岗位
	glzd12	我所在的组织分工明确
	glzd13	我所在的组织工作环境很舒适
	glzd14	我所在的组织有完善的制度管理

5.1.2　诚信领导的界定和测量

本书所指的诚信领导采用阿瓦里尔等（2004）的定义：对他们自己如何思考以及行动有清楚深刻的认识，并且被别人认为能意识到自己和他人的价值观、知识和优势；能认识到所处的环境；并且自信、充满希望、乐观、坚韧、品德高尚。

诚信领导测量量表来自瓦伦布瓦等（2008）所开发的问卷。通过英语专业人士翻译和回译程序，采用第3章中所搜集的244份样本进行探索性因子分析后，最后保留了原问卷16个题目中的11个题目。根据探索性因子分析斜交旋转后得到两个维度，1~6题是真诚维度，7~11题是自我意识维度。问卷使用李克特6点尺度法，分数越高，表示被试者越同意题目中的描述；分数越低，表示被试者越不同意题目中的描述。请被试者根据所在企业的真实感受在适当的数字上打"√"。诚信领导测量题目如表 5.2 所示。

表 5.2　　　　　　　　　　　　　诚信领导测量题目

变量	题目编号	题目
真诚维度	cxld1	我的直接上级表达的情感是他/她内心的真实写照
	cxld2	我的直接上级会告诉我事实
	cxld3	我的直接上级鼓励每个人说出他们自己的想法
	cxld4	我的直接上级犯了错的话，会承认错误
	cxld5	我的直接上级很清楚地表达了他/她的意思
	cxld6	我的直接上级展现出的行为与他/她的信念一致
自我意识维度	cxld7	我的直接上级要求我持有符合我自己核心价值观的观点
	cxld8	我的直接上级恳求我们提出不同于他/她自己立场的观点
	cxld9	我的直接上级能准确描述他人对他/她能力的看法
	cxld10	我的直接上级知道他/她的特殊行为对他人的影响
	cxld11	我的直接上级征求反馈意见以改善与他人的关系

5.1.3　积极人际氛围的界定与测量

本书的人际氛围指组织成员感受到的组织成员之间的人际氛围。积极人际氛围指组织内组织成员间彼此和谐，相互合作的人际氛围。

由于尚没有针对组织内人际氛围的独立量表，并且本书在积极组织编码环节得到的积极人际氛围的词条仅有两条，不足以形成独立的量表，所以本章参考了利特文和斯准葛（Litwen and Stringer，1968）开发的组织氛围量表中的人际氛围子量表，并结合蒋景清（2003）、陈维政（2006）本土化之后的测量量表。本章认为，该量表能够反映出本书所指的积极人际氛围。问卷使用李克特 6 点尺度法，分数越高，表示被试者越同意题目中的描述；分数越低，表示被试者越不同意题目中的描述。请被试者根据所在企业的真实感受在适当的数字上打"√"。积极人际氛围测量题目如表 5.3 所示。

表 5.3　　　　　　　　　　　　积极人际氛围测量题目

题目编号	题目
rjfw1	我所在的组织中管理人员和员工关系和谐
rjfw2	我所在的组织中人际氛围很和谐
rjfw3	我所在的组织大家相互合作

5.1.4　集体心理资本的界定与测量

本书所指的集体心理资本采用瓦伦布瓦等（2009）的定义，认为集体心理资本就是群体共享的一种积极心理状态。

集体心理资本的测量量表采用第 4 章所开发的中国本土集体心理资本量表，包括集体希望、集体坚韧、集体效能感三个维度。其中，集体希望由 7 个题目组成，集体坚韧由 4 个题目组成，集体效能感由 4 个题目组成。问卷使用李克特 6 点尺度法，分数越高，表示被试者越同意题目中的描述；分数越低，表示被试者越不同意题目中的描述。请被试者根据所在企业的真实感受在适当的数字上打"√"。集体心理资本测量题目如表 5.4 所示。

表 5.4　　　　　　　　　　　　集体心理资本测量题目

变量	题目编号	题目
集体希望	jtxlzb1	我的同事们认为我们的工作很有意义
	jtxlzb2	我的同事们认为我们所在的组织发展前景很好
	jtxlzb3	我的同事们积极上进
	jtxlzb4	我的同事们都发自内心地努力工作
	jtxlzb5	我的同事们认为我们的组织拥有清晰且积极的愿景
	jtxlzb6	我的同事们都理解组织目标并相信会获得成功
	jtxlzb7	我的同事们都朝气蓬勃
集体坚韧	jtxlzb8	我的同事们可以相对独立地处理工作
	jtxlzb9	我的同事们能够同时处理很多事情
	jtxlzb10	我的同事们总能走出工作中的困难
	jtxlzb11	我的同事们经常想尽办法解决困难

变量	题目编号	题目
集体效能感	jtxlzb12	我的同事们总是很自信地设定工作目标
	jtxlzb13	我的同事们总是自信地与公司以外的人联络和讨论问题
	jtxlzb14	我的同事们总是很自信地谈论组织战略
	jtxlzb15	我的同事们总是自信地向同事介绍资料

5.1.5　员工成长的界定和测量

本书对员工成长的定义采用斯彼热尔等（2005）的定义，指个体感受到自己的能力得到增长的一种心理体验。

所采用的员工成长测量量表来自斯彼热尔等（2005）的研究中所开发的量表。通过英语专业人士翻译和回译程序，采用第 3 章中所搜集的 244 份样本进行的探索性因子分析，最后保留了原问卷所有 11 个题目和 2 个维度。量表由学习维度、活力维度两部分构成，其中测量学习由 3 个题目组成，测量活力由 8 个题目组成。问卷使用李克特 6 点尺度法，分数越高，表示被试者越同意题目中的描述；分数越低，表示被试者越不同意题目中的描述。请被试者根据所在企业的真实感受在适当的数字上打"√"。员工成长测量题目如表 5.5 所示。

表 5.5　　　　　　　　　　员工成长测量题目

变量	题目编号	题目
测量学习	ygjf1	我在工作中学习新东西
	ygjf2	我在工作中学习的东西对我的生活很有帮助
	ygjf3	我在工作中学习的东西让我的生活更加丰富多彩
测量活力	ygjf4	在工作中我感到积极并充满活力
	ygjf5	我有非常充沛的精力来完成我的工作
	ygjf6	在工作时间我感觉精神抖擞
	ygjf7	我有动力将我的工作做得很好
	ygjf8	我精神饱满地迎接每一天的工作
	ygjf9	我工作时很有激情
	ygjf10	我的工作给予我积极的力量
	ygjf11	在工作中我感到生命的活力

5.1.6 组织绩效的界定与测量

本书所指组织绩效采用斯瑙（1980）的定义，即组织绩效是组织达成目标的程度。

所采用的测量工具来自王等人（Wang et al.，2003）在研究中国企业员工关系对绩效影响时所使用的量表。该量表后来被徐淑英等（2006）再次使用，吴继红（2006）、韩雪松（2007）也参考使用过该量表。该量表由 1 个维度共 7 个题目组成，从财务指标和非财务指标两方面测量组织绩效，采用填答者将所在企业与同行业其他企业比较的评价方法打分测量。问卷使用李克特 6 点尺度法，分数越高，表示被试者越同意题目中的描述；分数越低，表示被试者越不同意题目中的描述。请被试者根据所在企业的真实感受在适当的数字上打"√"。组织绩效测量题目如表 5.6 所示。

表 5.6   组织绩效测量题目

变量	题目编号	题目
组织绩效	zzjx1	您所在组织的利润比同行业的其他组织高
	zzjx2	您所在组织的销售总额比同行业的其他组织高
	zzjx3	您所在组织的销售增长率比同行业的其他组织高
	zzjx4	您所在组织的市场份额状况比同行业的其他组织高
	zzjx5	您所在组织的竞争地位比同行业的其他组织高
	zzjx6	您所在组织的员工士气比同行业的其他组织高
	zzjx7	您所在组织的资产增长率比同行业的其他组织高

本节采用专家意见法对问卷的设计进行修订。邀请四川大学企业组织与人力资源管理研究所的 9 位博士生一起讨论问卷的具体内容，最后达成一致意见后进行修订。讨论的内容主要有：问卷中的题目是否含义明确？题目表达是否准确？题目表达是否会产生歧义？题目是否能够得到真实的作答？题目数量是否合适？问卷填答者大约花费多长时间能够完成试卷？

5.2　数据收集及样本数

本节的大规模调研在成都、攀枝花等地进行。问卷上说明本问卷仅供学术研究所用，承诺问卷完全匿名，由填答者自愿作答，并在问卷填答时的现场再次强调。问卷填答基本为现场作答，由笔者本人或委托合作人现场发放和回收问卷，因此问卷的回收率较高，共计发放问卷 613 份，回收 558 份，回收率达到 91%。

在回收的问卷中剔除无效问卷，剔除标准：（1）问卷中整页无应答的问卷；（2）问卷中整页连续选择同一数字的问卷或有规律打分的问卷；（3）样本在目前企业工作年限不超过半年的（含半年）的问卷；（4）非企业问卷。共计剔除问卷 103 份，保留有效问卷 455 份，有效问卷率为 81.5%。

对于结构方程模型中到底多少个样本最为合适，学术界没有定论。有的学者认为样本数愈大愈好，这与一般推论统计的原理相同；但也有学者指出，结构方程模型适配度检验中，绝对值对适配度指标 χ^2 值受到样本数的影响很大，当研究者使用较多的受试样本时，χ^2 容易达到显著水平，表示模型被拒绝的机会也扩增，假设模型与实际数据不契合的机会较大。因而，要在样本数与整体模型适配度上取得平衡是相当不容易的（吴明隆，2010）。学者斯顾马克等人（Schumacker et al., 1996）发现，大部分的结构方程模型研究中样本数介于 200～500 之间。学者本特勒与周（Bentler and Chou, 1987）认为，研究的变量如符合正态或椭圆的分布情形，则每个观测变量 5 个样本就足够了，如果是其他分布，则每个变量最好有 10 个样本以上（黄芳铭，2005）。

本节对所有样本数据进行了正态性检验，全部观测变量的偏态系数（skewness）绝对值介于 0.04～1.01 之间，均小于 3；峰度系数（kurtosis）绝对值介于 0.02～0.99 之间，均小于 10，因此本样本数据可视为符合正态分布（Kline, 1998）。

本章共有 54 个观测变量，且所有观测变量均符合正态分布，所以有 455 个样本符合要求。

5.3　数据的缺失值处理和样本特征分析

5.3.1　数据的缺失值处理

邱浩政（2009）将缺失值的形态分为系统性缺失和随机性缺失。系统性缺失是有规则或者有次序的，是填答者一致性的漏填或者拒填，对于研究结果与分析过程的影响较大。而随机性缺失是毫无规则与逻辑可循的，此时缺失值所造成的影响纯粹只是样本数多寡的问题，缺失值的影响可以忽略，研究者可以直接删除或者利用估计的方法加以补救。一般情况下，随机性缺失在样本总量的 5%～10% 是可以接受的（Cohen and Cohen, 1983）。本节运用 SPSS16.0 对缺失值的形态加以分析，认为均属于随机性缺失，我们采用 EM 算法对数据中的缺失值进行了估计，用估计值取代缺失值，以便进行后续的统计分析。

5.3.2　样本的人口特征统计描述

5.3.2.1　性别

本次调查中的调查对象的性别分布如表 5.7 所示。本次调查中男性比女性略微偏多。

表 5.7　　　　　　　　　　　　样本的性别分布

性别	频数	百分比（%）	标准差
男	306	69.9	0.46
女	132	30.1	
缺失值	17		

5.3.2.2　年龄

本次调查中的调查对象的年龄以 40 岁以下的年轻员工为主，如表 5.8 所示，这部分员工是企业的主要力量，符合调查构想。

表 5.8		样本的年龄分布	
年龄	频数	百分比（％）	标准差
30 岁以下	143	32.4	0.77
31～40 岁	201	45.5	
41～50 岁	90	20.4	
50 岁以上	8	1.7	
缺失值	13		

5.3.2.3　受教育程度

本次调查中的调查对象的受教育程度普遍在大专、本科以上，如表5.9所示，符合调查构想。

表 5.9		样本的受教育程度分布	
教育程度	频数	百分比（％）	标准差
研究生	136	31.7	0.60
本科大专	264	61.5	
高中或中专	24	5.6	
初中及以下	5	1.2	
缺失值	26		

5.3.2.4　职位

本次调查中的调查对象以中基层管理人员或技术人员为主，如表5.10所示，这部分员工是企业的骨干力量，符合调查构想。

表 5.10		样本的职位分布	
职位	频数	百分比（％）	标准差
高层	26	5.9	0.70
中层	258	58.4	
基层	126	28.5	
普通员工	32	7.2	
缺失值	13		

5.3.2.5 工作年限

本次调查中的调查对象普遍在本企业工作 3 年以上，如表 5.11 所示，对所在企业有深入了解，符合调查构想。

表 5.11 **样本的工作年限分布**

工作年限	频率	百分比（%）	标准差
半年~3 年	105	23.8	1.23
3~5 年	74	16.7	
5~10 年	114	25.8	
10 年以上	149	33.7	
缺失值	13		

5.3.3 样本所在企业的组织特征统计描述

5.3.3.1 所在地域

本次调查中，样本所在企业的地域分布如表 5.12 所示。考虑抽样的方便性，本次调查以成都的企业为主。

表 5.12 **样本所在企业的地域分布**

地域	频率	百分比（%）	标准差
成都	276	84.9	0.52
攀枝花	24	7.4	
海口	18	5.5	
缺失值	7	2.2	

5.3.3.2 企业性质

本次调查中，样本所在企业的企业性质分布如表 5.13 所示。

表 5.13　　　　　　　样本所在企业的企业性质分布

企业性质	样本数（家）	百分比（%）	标准差
国有或国有控股	178	39.1	1.10
民营或民营控股	191	42.0	
外资或外资控股	45	9.9	
企业化经营的事业单位	28	6.2	
缺失值	13	2.8	

5.3.3.3　所在行业

本次调查中，样本所在企业的行业分布如表 5.14 所示。以 IT 和高新技术行业、传统制造业、工程施工行业为主。

表 5.14　　　　　　　样本所在企业的行业分布

行业	频数	百分比（%）	标准差
IT 和高新技术	178	39.1	1.33
工程施工	120	26.4	
传统制造业	123	27.0	
服务业	13	2.9	
缺失值	21	4.6	

5.3.3.4　存续时间

本次调查中，样本所在企业的存续时间分布如表 5.15 所示。本次调查的调查对象所在企业存续时间大多在 5 年以上，企业已形成相对稳定的管理风格，符合调查构想。

表 5.15　　　　　　　样本所在企业的存续时间分布

存续时间	频数	百分比（%）	标准差
3 年及以下	26	5.9	1.13
3～5 年	29	6.5	
5～10 年	65	14.6	

存续时间	频数	百分比（%）	标准差
10~20年	165	37.2	
20年以上	159	35.8	
缺失值	11		

从样本的个体特征和所在企业的特征来看，基本上能够代表中国的企业和员工特征，符合调查构想。

5.4 数据的描述性统计

5.4.1 观测变量的描述性统计

首先对所有观测变量进行描述性统计分析，结果显示（如表 5.16 所示）所有观测变量的偏度数（skewness）绝对值介于 0.04~1.01 之间，均小于 3；峰度系数（kurtosis）绝对值介于 0.02~0.99 之间，均小于 10，因此本样本数据可视为符合正态分布（Kline，1998）。各观测变量的平均值基本介于 3~5 之间，且标准差大于 1，说明题项中所描述的情况在企业中普遍存在，并且在不同的样本间有所差异。

表 5.16 各变量的描述性统计量

变量	题目编号	问卷题目	平均数	标准差	偏态	峰度
积极组织管理	glzd1	我所在的组织有良好的培训制度	3.41	1.31	0.13	0.50
	glzd2	我所在的组织有良好的晋升制度	3.72	1.34	0.22	0.79
	glzd3	我所在的组织有很好的激励制度	3.54	1.44	0.10	0.95
	glzd4	我所在的组织提供有竞争力的薪酬	3.72	1.36	0.17	0.76
	glzd5	我所在的组织给员工施加的压力适当	3.50	1.35	0.04	0.73
	glzd6	我所在的组织大家有一种感恩的心	4.39	1.33	0.69	0.26

续表

变量	题目编号	问卷题目	平均数	标准差	偏态	峰度
积极组织管理	glzd7	我所在的组织实施公平竞争	4.37	1.27	0.66	0.14
	glzd8	我所在的组织任人唯贤	4.64	1.24	1.01	0.59
	glzd9	我所在的组织力争依靠创新来领先于主要竞争对手	3.92	1.31	0.39	0.48
	glzd10	我所在的组织让员工感受到了归属感	3.52	1.35	0.07	0.64
	glzd11	我所在的组织提供稳定的工作岗位	3.36	1.26	0.16	0.51
	glzd12	我所在的组织分工明确	3.65	1.32	0.14	0.68
	glzd13	我所在的组织工作环境很舒适	3.25	1.34	0.09	0.73
	glzd14	我所在的组织有完善的制度管理	3.25	1.41	0.12	0.70
积极人际氛围	rjfw1	我所在的组织中管理人员和员工关系和谐	4.01	1.13	0.40	0.06
	rjfw2	我所在的组织中人际氛围很和谐	3.95	1.13	0.34	0.08
	rjfw3	我所在的组织大家相互合作	4.08	1.09	0.24	0.25
诚信领导	cxld1	我的直接上级表达的情感是他/她内心的真实写照	4.26	1.36	0.69	0.35
	cxld2	我的直接上级会告诉我事实	3.55	1.52	0.18	0.99
	cxld3	我的直接上级鼓励每个人说出他们自己的想法	4.01	1.42	0.45	0.62
	cxld4	我的直接上级犯了错的话，会承认错误	3.76	1.41	0.18	0.80
	cxld5	我的直接上级很清楚地表达了他/她的意思	3.57	1.43	0.15	0.84
	cxld6	我的直接上级展现出的行为与他/她的信念一致	3.84	1.43	0.35	0.75
	cxld7	我的直接上级要求我持有符合我自己核心价值观的观点	3.59	1.36	0.26	0.71
	cxld8	我的直接上级恳求我们提出不同于他/她自己立场的观点	3.39	1.46	0.11	0.89
	cxld9	我的直接上级能准确描述他人对他/她能力的看法	3.93	1.37	0.25	0.70

变量	题目编号	问卷题目	平均数	标准差	偏态	峰度
诚信领导	cxld10	我的直接上级知道他/她的特殊行为对他人的影响	3.98	1.37	0.40	0.61
	cxld11	我的直接上级征求反馈意见以改善与他人的关系	3.97	1.33	0.42	0.44
集体心理资本	jtxlzb1	我的同事们认为我们的工作很有意义	3.20	1.28	0.08	0.70
	jtxlzb2	我的同事们认为我们所在的组织发展前景很好	3.31	1.27	0.04	0.54
	jtxlzb3	我的同事们积极上进	3.60	1.25	0.09	0.53
	jtxlzb4	我的同事们都发自内心地努力工作	3.57	1.15	0.28	0.22
	jtxlzb5	我的同事们认为我们的组织拥有清晰且积极的愿景	3.63	1.20	0.08	0.48
	jtxlzb6	我的同事们都理解组织目标并相信会获得成功	3.97	1.13	0.31	0.22
	jtxlzb7	我的同事们都朝气蓬勃	4.20	1.14	0.63	0.11
	jtxlzb8	我的同事们可以相对独立地处理工作	3.80	1.11	0.21	0.24
	jtxlzb9	我的同事们都能够同时间处理很多事情	3.73	1.18	0.19	0.32
	jtxlzb10	我的同事们总能走出工作中的困难	3.48	1.20	0.16	0.49
	jtxlzb11	我的同事们经常想尽办法解决困难	3.65	1.27	0.15	0.54
	jtxlzb12	我的同事们总是很自信地设定工作目标	3.62	1.23	0.20	0.56
	jtxlzb13	我的同事们总是自信地与公司以外的人联络和讨论问题	3.75	1.26	0.12	0.59
	jtxlzb14	我的同事们总是很自信地谈论组织战略	3.67	1.24	0.09	0.56
	jtxlzb15	我的同事们总是自信地向同事介绍资料	3.82	1.19	0.18	0.37
员工成长	ygjf1	我在工作中学习到新东西	4.59	1.17	0.74	0.15
	ygjf2	我在工作中学习到的东西对我的生活很有帮助	4.38	1.19	0.55	0.18
	ygjf3	我在工作中学习的东西让我的生命更加丰富多彩	4.25	1.23	0.42	0.46

续表

变量	题目编号	问卷题目	平均数	标准差	偏态	峰度
员工成长	ygjf4	在工作中我感到积极并充满活力	4.06	1.21	0.38	0.30
	ygjf5	我有非常充沛的精力来完成我的工作	4.24	1.13	0.40	0.23
	ygjf6	在工作时间里我感觉精神抖擞	4.04	1.16	0.35	0.35
	ygjf7	我有动力将我的工作做得很好	4.25	1.19	0.53	0.15
	ygjf8	我精神饱满地迎接每一天的工作	4.09	1.15	0.41	0.31
	ygjf9	我工作时很有激情	4.16	1.15	0.44	0.23
	ygjf10	我的工作给予我积极的力量	4.11	1.17	0.42	0.28
	ygjf11	在工作中我感到生命的活力	4.06	1.21	0.39	0.39
组织绩效	zzjx1	我所在组织的利润比同行业的其他组织高	3.93	1.38	0.40	0.26
	zzjx2	我所在组织的销售总额比同行业的其他组织高	4.22	1.24	0.50	0.020
	zzjx3	我所在组织的销售增长率比同行业的其他组织高	4.00	1.32	0.46	0.09
	zzjx4	我所在组织的市场份额比同行业的其他组织高	3.93	1.42	0.24	0.74
	zzjx5	我所在组织的竞争地位比同行业的其他组织高	4.00	1.31	0.32	0.54
	zzjx6	我所在组织的员工士气比同行业的其他组织高	3.76	1.20	0.09	0.49
	zzjx7	我所在组织的资产增长率比同行业的其他组织高	3.97	1.30	0.36	0.45

5.4.2　员工成长量表自我报告法检验

由表 5.17 发现，员工成长量表的 11 个题目均值均大于 4，我们初步估计这可能和问卷采用自我报告法有关。为了进一步检验自我报告法是否能够真实反映员工成长，本节补充调查了 130 份问卷。补充调查问卷中用他人报告法替代原问卷中的自我报告法，即将对自己的判断改为对员工的判断，例如，题项"我在工作中学习到新东西"改为"员工在工作中学习到新东西"。在原 455 份问卷中随机抽取 130 份问卷与该补充问卷的调查结果进行独立样本 t 检验，以检验自我报告法与他人报告法是否存在显著性差异。检验结果如表 5.17 和表 5.18 所示。

表 5.17　　　员工成长自我报告法和他人报告法描述性统计比较

题目编号	样本量	均值	标准差	Std. Error Mean
ygjf1	130	4.4923	1.22788	0.10769
	130	4.5163	1.14920	0.10079
ygjf2	130	4.2308	1.19130	0.10448
	130	4.2538	1.20278	0.10549
ygjf3	130	4.1846	1.23128	0.10799
	130	4.0615	1.21842	0.10686
ygjf4	130	4.1077	1.18286	0.10374
	130	3.9246	1.14459	0.10039
ygjf5	130	4.3077	1.98710	0.08657
	130	4.1214	1.05291	0.09235
ygjf6	130	4.0810	1.10097	0.09656
	130	3.9558	1.09370	0.09592
ygjf7	130	4.3462	1.09765	0.09627
	130	4.1082	1.11537	0.09782
ygjf8	130	4.1385	1.98637	0.08651
	130	3.9769	1.13072	0.09917
ygjf9	130	4.2077	1.97802	0.08578
	130	3.9538	1.13344	0.09941
ygjf10	130	4.2077	1.00152	0.08784
	130	3.8923	1.14755	0.10065
ygjf11	130	4.0769	1.02387	0.08980
	130	3.8077	1.22060	0.10705

表 5.18　　员工成长自我报告法和他人报告法独立样本 t 检验结果

题目编号	方差齐性检验		T 检验					均值差异的95% 置信区间	
	F	Sig.	t	df	Sig.(2 - tailed)	均值差异	差别的标准误	Lower	Upper
ygjf1	0.170	0.680	-0.162	258	0.871	-0.02395	0.14750	-0.31441	0.26651
			-0.162	256.877	0.871	-0.02395	0.14750	-0.31442	0.26651
ygjf2	0.023	0.880	-0.155	258	0.877	-0.02308	0.14848	-0.31546	0.26930
			-0.155	257.976	0.877	-0.02308	0.14848	-0.31546	0.26930
ygjf3	0.034	0.853	0.810	258	0.419	0.12308	0.15193	-0.17610	0.42225
			0.810	257.972	0.419	0.12308	0.15193	-0.17610	0.42225
ygjf4	0.074	0.786	1.268	258	0.206	0.18309	0.14436	-0.10119	0.46736
			1.268	257.721	0.206	0.18309	0.14436	-0.10119	0.46737
ygjf5	0.372	0.542	1.472	258	0.142	0.18631	0.12658	-0.06296	0.43557
			1.472	256.933	0.142	0.18631	0.12658	-0.06296	0.43558
ygjf6	0.232	0.630	0.920	258	0.358	0.12526	0.13611	-0.14277	0.39328
			0.920	257.989	0.358	0.12526	0.13611	-0.14277	0.39328
ygjf7	0.017	0.897	1.733	258	0.084	0.23792	0.13725	-0.03235	0.50819
			1.733	257.934	0.084	0.23792	0.13725	-0.03235	0.50819
ygjf8	3.073	0.081	1.227	258	0.221	0.16154	0.13160	-0.09761	0.42069
			1.227	253.333	0.221	0.16154	0.13160	-0.09763	0.42071
ygjf9	3.273	0.072	1.933	258	0.054	0.25385	0.13130	-0.00471	0.51240
			1.933	252.585	0.054	0.25385	0.13130	-0.00474	0.51243
ygjf10	1.978	0.161	2.361	258	0.019	0.31542	0.13359	0.05236	0.57848
			2.361	253.363	0.019	0.31542	0.13359	0.05234	0.57850
ygjf11	8.448	0.004	1.927	258	0.055	0.26923	0.13973	-0.00592	0.54439
			1.927	250.421	0.055	0.26923	0.13973	-0.00596	0.54443

　　从描述性统计分析和独立样本 t 检验的结果来看，采取自我报告法的员工成长数据在部分题目上高于采取他人报告法的数据，但是在员工成长量表的 11 个题目中，只有第 10 个题目在自我报告法和他人报告法之间存

在显著性差异（P 值 0.019 小于 0.05），其他题目的差异都不具有显著性。所以后续研究中将删除员工成长量表的第 10 个题目，继续使用自我报告法测量员工成长。

5.4.3 潜变量的相关系数矩阵

本节以皮尔逊（pearson）相关系数对本章的变量进行相关性检验。检验发现，所有变量间都呈现显著性正相关。相关分析结果表明，变量间的关系符合研究假设。变量的相关系数矩阵以及各变量的平均数、标准差如表 5.19 所示。

表 5.19　　　　　　　各潜变量的均值、标准差和相关系数统计

变量	平均值	标准差	积极组织管理	诚信领导	积极人际氛围	集体心理资本	组织绩效
积极组织管理	3.77	0.86					
诚信领导	3.80	1.02	0.613 ***				
积极人际氛围	4.01	0.97	0.574 ***	0.470 ***			
集体心理资本	3.67	0.84	0.688 ***	0.584 ***	0.680 ***		
组织绩效	3.97	1.07	0.347 ***	0.185 ***	0.172 ***	0.295 ***	
员工成长	4.27	0.96	0.545 ***	0.427 ***	0.468 ***	0.542 ***	0.342 ***

注：$P < 0.05$，标注 *；$P < 0.01$，标注 **；$P < 0.001$，标注 ***。

5.4.4 共同方法偏差的影响

当解释变量和被解释变量的数据同时来自同一填答者可能引起共同方法偏差的问题。检验这种可能导致概念间相关性膨胀的偏差问题，本节使用帕得斯卡福和沃根（Podskoff and Organ, 1986）、帕得斯卡福等（2003）提出的哈曼（Harman）单因子检验法（Harman's Post. hoe single factor test）进行检验，即将问卷的全部题目放在一起进行因子分析，判断未旋转时得到的第一个主成分是否能解释大部分的变量方差，如果是，则说明存在较大的共同方法偏差问题。本节通过将问卷所有题目放在一起进行因子分析，未旋转的因子分析结果显示有 10 个特征值大于 1 的共同因子，共解释了总变异的 66.4%，其中最大的特征值为 20.457 的因子解释

了总变异的 33.54%，所以并未出现一个主成分解释大部分变异的情况，所以本章数据的共同方法偏差并不显著。

5.4.5　量表的信度检验和效度检验

在进行信效度分析前，先对各观测变量的 CITC 值进行检验。

由于各变量的测量条款是综合不同研究者的量表，可能出现"垃圾测量条款"（garbage items），需要剔除和净化这些垃圾条款（Churchill，1979）。检验方法主要是通过评价同一潜变量中的每一个测量项目与该变量中的其他项目总和的相关系数（corrected item total correlation，CITC）来进行（卢纹岱，2002）。一般而言，当 CITC 小于 0.5 时，通常就可以考虑删除该测量条款（刘怀伟，2003）。也有学者认为，0.3 也符合研究的要求（卢纹岱，2002），本节采纳了这一标准，将 0.3 作为净化测量条款的标准。从表 5.20 可知，本节中所有测量题目的 CITC 值都大于 0.3，所以全部予以保留。

5.4.5.1　积极组织管理量表的信效度检验

运用 SPSS17.0 对积极组织管理量表进行信度检验，采用内部一致性 Cronbach's α 值作为判断指标；运用 AMOS17.0 对潜变量的组合信度进行检验，采用验证性因子分析方法、平均变异抽取量进行效度分析。

积极组织管理量表的验证性因子分析结果和信效度指标结果如图 5.1 和表 5.21、表 5.22 所示。

分析结果表明，各个题目均无负的标准误，标准化系数介于 0.552 与 0.846 之间，未大于 0.95，没有超过或太接近于 1，说明没有违犯估计现象。各项拟合指数表示模型的拟合优度良好。观察标准化负荷系数和 t 值，发现所有的 t 值都远大于 1.98，即所有的标准化负荷系数都具有统计意义。所有题目的标准化系数都大于 0.45（Hair et al.，1998），说明量表具有较好的结构效度，平均变异抽取量介于 0.455～0.557 之间，虽然文化因子的值低于 0.5，但其观测变量的标准化负荷均大于 0.45（邱浩政，2009），所以仍然可以认为效度达到要求。同时因为文化因子中标准化负荷值最低的 26 题是反映企业文化的重要内容之一，所以继续保留该因子的所有题目。

表 5.20 　　　　　　　　　　各观测变量 CITC 值检验

变量	维度	题目编号	CITC 值	处理	变量	维度	题目编号	CITC 值	处理
积极组织管理	激励	glzd1	0.630	保留	集体心理资本	集体希望	jtxlzb1	0.756	保留
		glzd2	0.735	保留			jtxlzb2	0.729	保留
		glzd3	0.639	保留			jtxlzb3	0.788	保留
		glzd4	0.695	保留			jtxlzb4	0.679	保留
	文化	glzd5	0.614	保留			jtxlzb5	0.692	保留
		glzd6	0.550	保留			jtxlzb6	0.727	保留
		glzd7	0.562	保留			jtxlzb7	0.727	保留
		glzd8	0.698	保留		集体坚韧	jtxlzb8	0.674	保留
		glzd9	0.668	保留			jtxlzb9	0.625	保留
		glzd10	0.415	保留			jtxlzb10	0.720	保留
	工作	glzd11	0.600	保留			jtxlzb11	0.659	保留
		glzd12	0.588	保留			jtxlzb12	0.652	保留
		glzd13	0.598	保留		集体效能感	jtxlzb13	0.671	保留
		glzd14	0.439	保留			jtxlzb14	0.629	保留
诚信领导	真诚	cxld1	0.590	保留			jtxlzb15	0.650	保留
		cxld2	0.660	保留	员工成长	学习	yyjf1	0.795	保留
		cxld3	0.682	保留			yyjf2	0.832	保留
		cxld4	0.605	保留			yyjf3	0.833	保留
		cxld5	0.739	保留			yyjf4	0.793	保留
		cxld6	0.708	保留			yyjf5	0.818	保留
	自我意识	cxld7	0.527	保留		活力	yyjf6	0.860	保留
		cxld8	0.656	保留			yyjf7	0.815	保留
		cxld9	0.709	保留			yyjf8	0.840	保留
		cxld10	0.664	保留			yyjf9	0.838	保留
		cxld11	0.643	保留			yyjf10	0.757	保留
积极人际氛围	积极人际氛围	rjfw1	0.704	保留	组织绩效	组织绩效	zzjx1	0.670	保留
		rjfw2	0.747	保留			zzjx2	0.792	保留
		rjfw3	0.652	保留			zzjx3	0.749	保留
							zzjx4	0.779	保留
							zzjx5	0.793	保留
							zzjx6	0.612	保留
							zzjx7	0.793	保留

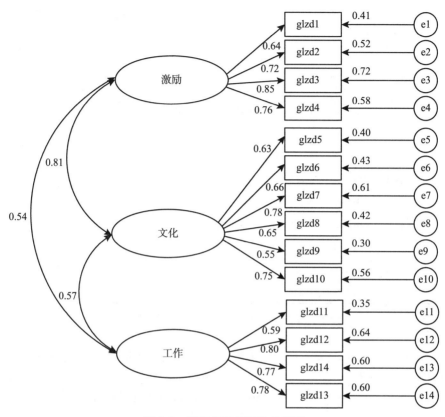

图 5.1　积极组织管理结构模型

表 5.21　　　　　　　　　积极组织管理模型拟合指标

χ^2	df	χ^2/df	RMSEA	NFI	GFI	IFI	CFI	NNFI
191.507	65	2.946	0.065	0.931	0.943	0.953	0.953	0.934

表 5.22　　　　　　　　　积极组织管理量表信效度分析

潜变量	测量指标	标准化负荷 λ	负荷 t 值	负荷标准误	信度系数（R^2）	测量误差 θ	组合信度 CR	Cronbach's α 值	平均变异量抽取值 AVE
激励因子	glzd1	0.640	—	—	0.410	0.590	0.833	0.840	0.557
	glzd2	0.722	15.632***	0.073	0.522	0.478			
	glzd3	0.846	14.000***	0.091	0.716	0.284			
	glzd4	0.758	13.120***	0.092	0.575	0.435			

潜变量	测量指标	标准化负荷 λ	负荷 t 值	负荷标准误	信度系数（R^2）	测量误差 θ	组合信度 CR	Cronbach's α 值	平均变异量抽取值 AVE
文化因子	glzd5	0.631	—	—	0.399	0.601	0.837	0.818	0.455
	glzd6	0.658	11.592***	0.088	0.433	0.567			
	glzd7	0.779	13.180***	0.095	0.607	0.493			
	glzd8	0.647	11.444***	0.096	0.419	0.501			
	glzd9	0.552	8.898***	0.103	0.304	0.796			
	glzd10	0.748	12.759***	0.094	0.560	0.440			
工作因子	glzd11	0.592	—	—	0.350	0.470	0.827	0.757	0.547
	glzd12	0.798	11.815***	0.117	0.637	0.363			
	glzd13	0.774	8.989***	0.154	0.598	0.402			
	glzd14	0.775	11.746***	0.120	0.601	0.399			

注：$P < 0.05$，标注 *；$P < 0.01$，标注 **；$P < 0.001$，标注 ***。

每个因子的 Cronbach's α 值介于 0.757 与 0.840 之间，均大于 0.7（Hinkin，1998），组合信度值介于 0.827 至 0.837 之间，均大于 0.7（Hair et al.，1998），所以积极组织管理量表具有很好的信度。

5.4.5.2 集体心理资本量表的信效度检验

运用 SPSS17.0 对集体心理资本量表进行信度检验，采用内部一致性 Cronbach's α 值作为判断指标；运用 AMOS17.0 对潜变量的组合信度进行检验，采用验证性因子分析方法、平均变异抽取量进行效度分析。

集体心理资本量表的验证性因子分析结果以及信效度指标结果如图 5.2 和表 5.23、表 5.24 所示。

分析结果表明，各个题目均无负的标准误，标准化系数介于 0.688 ~ 0.813 之间，未大于 0.95，没有超过或太接近于 1，说明没有违犯估计现象。根据拟合指数判定模型的整体效度，各项拟合指数表示模型的拟合优度良好。观察标准化负荷系数和 t 值，发现所有的 t 值都远大于 1.98，即所有的标准化负荷系数都具有统计意义，而且所有题目的标准化系数都大于 0.45（Hair et al.，1998），说明量表具有较好的结构效度，平均变异抽取量介于 0.522 ~ 0.582 之间，均大于 0.5，所以聚敛效度达到要求。

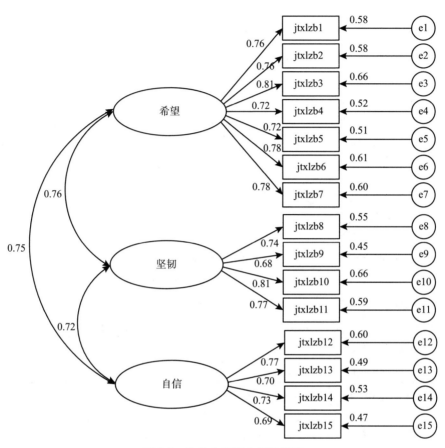

图 5.2　集体心理资本结构模型

表 5.23　　　　　　　集体心理资本模型拟合指标

χ^2	df	χ^2/df	RMSEA	NFI	GFI	IFI	CFI	NNFI
187.997	80	2.350	0.055	0.953	0.949	0.972	0.972	0.958

表 5.24　　　　　　　集体心理资本量表信效度检验

潜变量	测量指标	标准化负荷 λ	负荷 t 值	负荷标准误	信度系数（R^2）	测量误差 θ	组合信度 CR	Cronbach's α 值	平均变异量抽取值 AVE
集体希望	jtxlzb1	0.762	—	—	0.580	0.420	0.907	0.910	0.582
	jtxlzb2	0.762	18.373 ***	0.055	0.581	0.419			

潜变量	测量指标	标准化负荷 λ	负荷 t 值	负荷标准误	信度系数（R²）	测量误差 θ	组合信度 CR	Cronbach's α 值	平均变异量抽取值 AVE
集体希望	jtxlzb3	0.813	21.716 ***	0.047	0.661	0.339	0.907	0.910	0.582
	jtxlzb4	0.723	15.340 ***	0.060	0.523	0.477			
	jtxlzb5	0.716	15.306 ***	0.063	0.513	0.487			
	jtxlzb6	0.784	17.000 ***	0.059	0.615	0.385			
	jtxlzb7	0.777	16.835 ***	0.060	0.604	0.496			
集体坚韧	jtxlzb8	0.742	—	—	0.551	0.449	0.838	0.837	0.565
	jtxlzb9	0.681	13.824 ***	0.068	0.464	0.536			
	jtxlzb10	0.811	16.410 ***	0.065	0.658	0.342			
	jtxlzb11	0.766	15.551 ***	0.066	0.587	0.413			
集体效能感	jtxlzb12	0.773	—	—	0.598	0.402	0.813	0.825	0.522
	jtxlzb13	0.698	13.841 ***	0.067	0.487	0.513			
	jtxlzb14	0.727	14.627 ***	0.067	0.528	0.472			
	jtxlzb15	0.688	13.606 ***	0.062	0.473	0.527			

注：$P < 0.05$，标注 *；$P < 0.01$，标注 **；$P < 0.001$，标注 ***。

每个因子的 Cronbach's α 值都介于 0.825 ~ 0.910 之间，均大于 0.7（Hinkin，1998），组合信度值介于 0.813 ~ 0.907 之间，均大于 0.7（Hair et al.，1998），所以集体心理资本量表具有很好的信度。

5.4.5.3　诚信领导量表的信效度检验

运用 SPSS17.0 对集体心理资本量表进行信度检验，采用内部一致性 Cronbach's α 值作为判断指标；运用 AMOS17.0 对潜变量的组合信度进行检验，采用验证性因子分析方法、平均变异抽取量进行效度分析。

诚信领导量表的验证性因子分析结果以及信效度指标结果如图 5.3、表 5.25、表 5.26 所示。

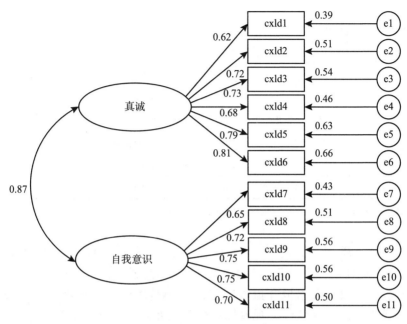

图 5.3　诚信领导结构模型

表 5.25　　　　　　　　　　　诚信领导结构模型拟合指标

χ^2	df	χ^2/df	RMSEA	NFI	GFI	IFI	CFI	NNFI
99.544	40	2.489	0.057	0.959	0.961	0.975	0.975	0.965

表 5.26　　　　　　　　　　　诚信领导量表信效度检验

潜变量	测量指标	标准化负荷 λ	负荷 t 值	负荷标准误	信度系数 (R^2)	测量误差 θ	组合信度 CR	Cronbach's α 值	平均变异量抽取值 AVE
真诚	cxld1	0.622	—	—	0.387	0.613	0.871	0.867	0.532
	cxld2	0.716	12.644 ***	0.102	0.513	0.487			
	cxld3	0.733	12.856 ***	0.096	0.537	0.463			
	cxld4	0.681	12.003 ***	0.095	0.464	0.536			
	cxld5	0.792	13.603 ***	0.098	0.628	0.372			
	cxld6	0.813	13.743 ***	0.100	0.661	0.339			

续表

潜变量	测量指标	标准化负荷 λ	负荷 t 值	负荷标准误	信度系数（R²）	测量误差 θ	组合信度 CR	Cronbach's α 值	平均变异量抽取值 AVE
自我意识	cxld7	0.654	—	—	0.427	0.573	0.840	0.837	0.512
	cxld8	0.716	12.779***	0.092	0.513	0.487			
	cxld9	0.751	13.153***	0.088	0.564	0.436			
	cxld10	0.748	12.095***	0.095	0.559	0.441			
	cxld11	0.704	12.619***	0.084	0.496	0.504			

注：$P < 0.05$，标注 $*$；$P < 0.01$，标注 $**$；$P < 0.001$，标注 $***$。

分析结果表明，各个题目均无负的标准误，标准化系数介于 0.622～0.813 之间，未大于 0.95，没有超过或太接近于 1，说明没有违犯估计现象。根据拟合指数判定模型的整体效度，各项拟合指数表示模型的拟合优度良好。观察标准化负荷系数和 t 值，发现所有的 t 值都远大于 1.98，即所有的标准化负荷系数具有统计意义，而且所有题目的标准化系数都大于 0.45（Hair et al.，1998），说明量表具有较好的结构效度，平均变异抽取量介于 0.512～0.532 之间，均大于 0.5，所以聚敛效度达到要求。

每个因子的 Cronbach's α 都介于 0.837～0.867 之间，均大于 0.7（Hinkin，1998），组合信度值介于 0.840～0.871 之间，均大于 0.7（Hair et al.，1998），所以诚信领导量表具有很好的信度。

5.4.5.4 员工成长量表的信效度检验

运用 SPSS17.0 对集体心理资本量表进行信度检验，采用内部一致性 Cronbach's α 值作为判断指标；运用 AMOS17.0 对潜变量的组合信度进行检验，采用验证性因子分析方法、平均变异抽取量进行效度分析。

诚信领导量表的验证性因子分析结果以及信效度指标结果如图 5.4、表 5.27 和表 5.28 所示。

分析结果表明，各个题目均无负的标准误，标准化系数介于 0.797～0.908 之间，未大于 0.95，没有超过或太接近于 1，说明没有违犯估计现象。根据拟合指数判定模型的整体效度，各项拟合指数表示模型的拟合优度良好。观察标准化负荷系数和 t 值，发现所有的 t 值都远大于 1.98，即所有的标准化负荷系数都具有统计意义，而且所有题目的标准化系数都大于 0.45（Hair et al.，1998），说明量表具有较好的结构效度，平均变异抽取量介于 0.713~0.771 之间，均大于 0.5，所以聚敛效度达到要求。

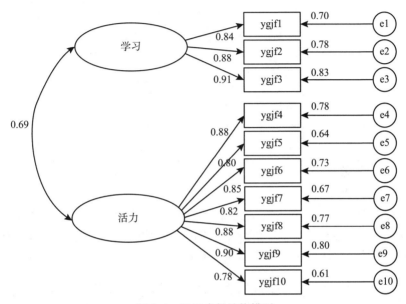

图 5.4　员工成长结构模型

表 5.27 员工成长结构模型模拟指标

χ^2	df	χ^2/df	RMSEA	NFI	GFI	IFI	CFI	NNFI
77.496	27	2.870	0.064	0.981	0.969	0.987	0.987	0.979

表 5.28 员工成长量表信效度检验

潜变量	测量指标	标准化负荷 λ	负荷 t 值	负荷标准误	信度系数（R^2）	测量误差 θ	组合信度 CR	Cronbach's α 值	平均变异量抽取值 AVE
学习	ygjf1	0.839	—	—	0.703	0.297	0.910	0.910	0.771
	ygjf2	0.885	23.613 ***	0.046	0.783	0.217			
	ygjf3	0.908	24.407 ***	0.047	0.825	0.175			

续表

潜变量	测量指标	标准化负荷 λ	负荷 t 值	负荷标准误	信度系数（R²）	测量误差 θ	组合信度 CR	Cronbach's α 值	平均变异量抽取值 AVE
活力	ygjf4	0.884	—	—	0.782	0.218	0.946	0.945	0.713
	ygjf5	0.797	21.363 ***	0.039	0.635	0.365			
	ygjf6	0.853	24.154 ***	0.038	0.728	0.272			
	ygjf7	0.816	22.337 ***	0.040	0.666	0.334			
	ygjf8	0.875	22.310 ***	0.042	0.766	0.234			
	ygjf9	0.896	22.094 ***	0.044	0.802	0.198			
	ygjf10	0.782	20.918 ***	0.042	0.612	0.398			

注：$P < 0.05$，标注 $*$；$P < 0.01$，标注 $**$；$P < 0.001$，标注 $***$。

每个因子的 Cronbach's α 值都介于 0.910 ~ 0.945 之间，均大于 0.7（Hinkin，1998），组合信度值介于 0.910 ~ 0.946 之间，均大于 0.7（Hair et al.，1998），所以员工成长量表具有很好的信度。

5.4.5.5 积极人际氛围量表的信度检验

由于积极人际氛围是单因子结构，所以运用 SPSS17.0 对积极人际氛围量表进行信度检验，采用内部一致性 Cronbach's α 值作为判断指标。经过分析得到积极人际氛围量表的信度为 0.838，大于 0.7，所以积极人际氛围量表具有较好的信度。

5.4.5.6 组织绩效量表的信度检验

由于组织绩效是单因子结构，所以运用 SPSS17.0 对组织绩效量表进行信度检验，采用内部一致性 Cronbach's α 值作为判断指标。经过分析得到组织绩效量表的信度为 0.915，大于 0.7，所以组织绩效量表具有较好的信度。

综合以上的数据质量评价分析可知，本章的样本数据的信度和效度均处于可接受的水平，总体上本章的调查问卷数据质量较好，能够保证本章假设检验的可靠性。

5.4.5.7　整体测量模型的区分效度检验

本章中整体测量模型的区分效度检验结果如表 5.29 所示。表 5.29 中对角线上的数值是各潜变量的平均变异量抽取值（AVE）的平方根，非对角线上的数值是各潜变量间的相关系数。从表 5.29 中可见，各潜变量的平均变异量抽取值的平方根介于 0.675 ~ 0.878 之间，基本上都大于所在行和列的相关系数，所以本章涉及的潜变量有很好的区分效度。

表 5.29　整体测量模型的区分效度检验

	JL	WH	GZ	ZC	ZW	JXW	JJ	JXN	XX	HL
JL	0.746									
WH	0.685 ***	0.675								
GZ	0.491 ***	0.513 ***	0.740							
ZC	0.474 ***	0.552 ***	0.389 ***	0.729						
ZW	0.505 ***	0.617 ***	0.359 ***	0.747 ***	0.716					
JXW	0.659 ***	0.672 ***	0.447 ***	0.543 ***	0.539 ***	0.763				
JJ	0.423 ***	0.469 ***	0.486 ***	0.466 ***	0.438 ***	0.645 ***	0.752			
JXN	0.502 ***	0.508 ***	0.342 ***	0.431 ***	0.417 ***	0.632 ***	0.603 ***	0.722		
XX	0.403 ***	0.380 ***	0.358 ***	0.300 ***	0.339 ***	0.463 ***	0.399 ***	0.306 ***	0.878	
HL	0.462 ***	0.494 ***	0.409 ***	0.427 ***	0.391 ***	0.551 ***	0.440 ***	0.408 ***	0.644 ***	0.844

注：变量间的相关系数由 SPSS 相关性检验所估计。*** 表示相关系数在 $P < 0.001$ 的显著水平上（双尾检验）。对角线上的数值为潜变量平均变异量抽取值的平方根。各变量简写为：JL——激励因子，WH——文化因子，GZ——工作因子，ZC——真诚，ZW——自我意识，JXW——集体希望，JJ——集体坚韧，JXN——集体效能感，XX——学习，HL——活力。

综合以上的数据分析，本章样本数据的信度和效度能够被接受，调查问卷数据质量较好，能够在此基础上进行进一步的数据分析。

5.5　控制变量影响作用的方差分析

中介变量和因变量除受到自变量的影响外还可能受到来自其他变量的影响，本节将这些可能的变量作为控制变量进行处理。巴里斯特罗斯等（Ballesteros et al. , 2002）认为，在集体中的人们的社会经济地位是不同的。处于低社会经济地位的个体与主要的影响源始终保持着距离，而组织中受过较高教育和职位高的个体往往是处于高社会经济地位的个体，他们会拥有更多的社会和财务手段去影响符合他们自身利益的组织体系。因此，本书认为，组织中不同的个体其感知到的员工成长和集体心理资本等存在差异。其中与社会经济地位有关的个体特征，本节选取了性别、年龄、学历、工作年限和职位。组织特征如行业、企业性质等可能影响组织绩效、员工集体心理资本等，因此，本节选择了部分组织变量作为控制变量进行分析，包括行业、企业性质、企业规模、企业存续时间。

通过对这些控制变量进行方差检验，以确定在之后的假设检验中，这些变量是否应当进入模型进行分析，提高研究结论的可靠性。

5.5.1　研究方法

本节运用 SPSS16.0 软件中的一元方差分析法（one-way analysis of variances，ANOVA）对不同样本的差异性进行分析。ANOVA 是检验单一因素影响的一个（或几个相互独立的）变量，判断在因素各水平分组的均值之间的差异是否具有统计意义，并可以进行两两组间均值的比较，即组间均值的多重比较。在进行分析时，首先需要对方差齐性进行检验，根据方差是否齐性采用的分析方法。对于方差为齐性一般 LSD 进行均值比较，而对于方差非齐性则常采用泰姆汉（Tamhane）法进行均值比较（张文彤，2002），然后再通过 t 检验的结果判断均值是否存在差异。考虑简洁行文的需要，本节仅将均值比较中存在显著差异的分析进行报告，而均值无差异的分析则省略。

5.5.2　研究结果

5.5.2.1　性别的影响分析

如表 5.30 所示。

由表 5.30 可以看出，性别对各变量均无显著影响。

5.5.2.2　年龄的影响分析

本节将年龄分为四个组，分别是 30 岁及以下、31～40 岁、41～50

岁、50 岁以上，年龄的影响分析结果如表 5.31 所示。

表 5.30 **性别的影响分析**

变量	组内/组间	平方和	自由度	均方	均值差异性检验	Sig.	方差齐性检验 Sig.	是否齐性
集体心理资本	组内	0.239	1	0.239	0.260	0.610	0.510	是
	组间	400.816	436	0.919				
	合计	401.055	437					
积极人际氛围	组内	0.787	1	0.787	1.142	0.286	0.826	是
	组间	300.440	436	0.689				
	合计	301.227	437					
组织绩效	组内	3.858	1	3.858	3.396	0.066	0.050	否
	组间	495.285	436	1.136				
	合计	499.143	437					
员工成长	组内	1.209	1	1.209	1.349	0.246	0.077	是
	组间	390.673	436	0.896				
	合计	391.882	437					

表 5.31 **年龄的影响分析**

变量	组内/组间	平方和	自由度	均方	均值差异性检验	Sig.	方差齐性检验 Sig.	是否齐性
集体心理资本	组内	0.450	3	0.150	0.164	0.921	0.423	是
	组间	401.496	438	0.917				
	合计	401.946	441					
积极人际氛围	组内	2.562	3	0.854	1.246	0.293	0.174	是
	组间	300.294	438	0.686				
	合计	302.856	441					
组织绩效	组内	4.814	3	1.605	1.447	0.228	0.109	是
	组间	485.788	438	1.109				
	合计	490.602	441					

变量	组内/组间	平方和	自由度	均方	均值差异性检验	Sig.	方差齐性检验 Sig.	是否齐性
员工成长	组内	4.082	3	1.361	1.522	0.208	0.044	否
	组间	391.538	438	0.894				
	合计	395.620	441					

由表 5.31 可以看出，年龄对各变量无显著性影响。

5.5.2.3　学历的影响分析

由于样本中绝大多数具有大专及以上学历（占 93.2%），学历上无明显差异，所以对学历的影响分析略去。

5.5.2.4　工作年限的影响分析

本节将工作年限分为四组，分别是半年~3 年，3~5 年，5~10 年，10 年以上。工作年限的影响分析如表 5.32 所示。

表 5.32　　　　　　　　　工作年限的影响分析

变量	组内/组间	平方和	自由度	均方	均值差异性检验	Sig.	方差齐性检验 Sig.	是否齐性
集体心理资本	组内	5.282	4	1.320	1.940	0.103	0.088	是
	组间	297.440	437	0.681				
	合计	302.722	441					
积极人际氛围	组内	2.978	4	0.745	0.815	0.516	0.720	是
	组间	398.968	437	0.913				
	合计	401.946	441					
组织绩效	组内	3.446	4	0.861	0.756	0.554	0.605	是
	组间	497.781	437	1.139				
	合计	501.227	441					
员工成长	组内	4.856	4	1.214	1.363	0.246	0.003	否
	组间	389.276	437	0.891				
	合计	394.132	441					

由表5.32看出,工作年限对各变量均无显著性影响。

5.5.2.5 职位的影响分析

由于整体样本中高层管理人员的样本比例只有5.9%,普通员工的样本比例只有7.2%,样本主要分布于基层管理人员或技术人员(占样本数的28.5%)和中层管理人员或技术人员(占样本数的58.4%)。所以本节中样本在职位上无明显差异,对职位的影响略去。

5.5.2.6 企业性质的影响分析

本节将企业性质分为四类,分别是国有或国有控股企业、民营或民营控股企业、外资或外资控股企业、企业化经营的事业单位。企业性质的影响分析如表5.33所示。

表5.33 基于企业性质的方差分析结果

变量	组内/组间	平方和	自由度	均方	均值差异性检验	Sig.	方差齐性检验 Sig.	是否齐性
集体心理资本	组内	17.875	7	2.554	3.748	0.001	0.676	是
	组间	299.804	440	0.681				
	合计	317.679	447					
积极人际氛围	组内	8.102	7	1.157	1.229	0.285	0.247	是
	组间	414.357	440	0.942				
	合计	422.459	447					
组织绩效	组内	31.702	7	4.529	4.150	0.000	0.097	是
	组间	480.165	440	1.091				
	合计	511.867	447					
员工成长	组内	3.662	7	0.523	0.573	0.778	0.774	是
	组间	401.797	440	0.913				
	合计	405.459	447					

企业性质对集体心理资本和组织绩效影响显著,进行进一步分析如表5.34所示。

表 5.34　　　　不同企业性质的集体心理资本和组织绩效比较结果表

						多重比较	
因变量	(I)企业性质	(J)企业性质	均数差异(I−J)	标准差	Sig.	95% 置信区间	
						Lower Bound	Upper Bound
集体心理资本	1	2	−0.32020 ***	0.08600	0.000	−0.4892	−0.1512
		3	−0.49371 ***	0.13773	0.000	−0.7644	−0.2230
组织绩效	1	2	0.39236 ***	0.10883	0.000	0.1785	0.6063
		4	0.71535 **	0.24636	0.004	0.2312	1.1995
	2	3	−0.69162 ***	0.17310	0.000	−1.0318	−0.3514
	3	4	1.01461 ***	0.28074	0.000	0.4629	1.5664

注：其中，1 代表国有或国有控股公司；2 代表民营或民营控股公司；3 代表外资或外资控股公司；4 代表企业化事业单位。

$P < 0.05$，标注 *，$P < 0.01$，标注 **，$P < 0.001$，标注 ***。

由表 5.34 可知，企业性质对集体心理资本、组织绩效两个变量有显著影响。对集体心理资本和组织绩效运用 LSD 法进行多重方差比较的结果如表 6.36 所示，其中国有或国有控股公司的集体心理资本显著低于民营或民营控股公司与外资或外资控股公司；但是国有或国有控股公司的组织绩效却显著高于民营或民营控股公司与企业化事业单位；外资或外资控股公司的组织绩效也显著高于民营或民营控股公司与企业化事业单位。

5.5.2.7　行业的影响分析

本节将行业分为四类，分别是 IT/高新技术行业，工程施工行业（含房地产、建筑业、能源业等），传统制造业，服务业（含运输业、商贸业、酒店业、旅游业、娱乐业、金融保险业、咨询业、教育文化业等）。行业影响的结果如表 5.35 所示。

表 5.35　　　　　　　　　　行业的影响分析

变量	组内/组间	平方和	自由度	均方	均值差异性检验	Sig.	方差齐性检验 Sig.	是否齐性
集体心理资本	组内	13.238	3	4.413	6.514	0.000	0.512	是
	组间	291.312	430	0.677				
	合计	304.550	433					

续表

变量	组内/组间	平方和	自由度	均方	均值差 异性检验	Sig.	方差齐性 检验 Sig.	是否 齐性
积极人际 氛围	组内	32.891	3	10.964	10.233	0.000	0.176	是
	组间	460.685	430	1.071				
	合计	493.576	433					
组织绩效	组内	5.450	3	1.817	1.911	0.127	0.141	是
	组间	408.837	430	0.951				
	合计	414.287	433					
员工成长	组内	5.964	3	1.988	2.216	0.086	0.854	是
	组间	385.691	430	0.897				
	合计	391.655	433					

行业对集体心理资本和组织绩效有显著性影响，进一步分析结果如表 5.36 所示。

表 5.36   行业对集体心理资本和组织绩效的影响

多重比较

LSD

因变量	（I） 行业	（J） 行业	均数差异 （I-J）	标准差	Sig.	95% 置信区间	
						Lower Bound	Upper Bound
txlzb	1	2	-0.42345*	0.09722	0.000	-0.6145	-0.2324
		3	-0.22915*	0.09651	0.018	-0.4188	-0.0395
jx	1	3	0.59829*	0.12136	0.000	0.3597	0.8368
	2	3	0.63266*	0.13281	0.000	0.3716	0.8937

注：其中，1 代表 IT/高新技术行业，2 代表工程施工行业，3 代表传统制造业。
*表示均数差异在 0.05 水平上显著。

由表 5.36 可知，工程施工行业和传统制造业比 IT/高新技术行业员工的集体心理资本略高，IT/高新技术行业和工程施工行业比传统制造业的组织绩效略高。

5.5.2.8　企业规模的影响分析

本节将企业规模按照人数分为六类，分别是小于 100 人，100 ~ 300 人，301 ~ 600 人，601 ~ 1000 人，1001 ~ 2000 人，2000 人以上。企业规模的影响分析如表 5.37 所示。

表 5.37　　　　　　　基于企业规模的方差分析结果

变量	组内/组间	平方和	自由度	均方	均值差异性检验	Sig.	方差齐性检验 Sig.	是否齐性
集体心理资本	组内	4.938	5	0.988	1.427	0.213	0.784	是
	组间	305.250	441	0.692				
	合计	310.188	446					
积极人际氛围	组内	0.617	5	0.123	0.131	0.985	0.335	是
	组间	415.112	441	0.941				
	合计	415.729	446					
组织绩效	组内	35.912	5	7.182	6.654	0.000	0.177	是
	组间	476.042	441	1.079				
	合计	511.954	446					
员工成长	组内	5.077	5	1.015	1.122	0.348	0.960	是
	组间	399.280	441	0.905				
	合计	404.357	446					

组织规模对组织绩效影响显著，进一步分析结果如表 5.38 所示。

表 5.38　　　　　　　组织规模对组织绩效的影响

多重比较							
变量	(I)规模	(J)规模	均数差异(I − J)	标准差	Sig.	95% 置信区间	
						Lower Bound	Upper Bound
组织绩效	1	2	− 0.61123 ***	0.15114	0.000	− 0.9083	− 0.3142
		3	− 0.80497 ***	0.20607	0.000	− 1.2100	− 0.4000
		4	− 0.67655 **	0.23095	0.004	− 1.1305	− 0.2226

续表

多重比较							
变量	（I）规模	（J）规模	均数差异（I－J）	标准差	Sig.	95% 置信区间	
						Lower Bound	Upper Bound
组织绩效	1	5	－0.44529 *	0.22532	0.049	－0.8881	－0.0025
		6	－0.82356 ***	0.14945	0.000	－1.1173	－0.5298

注：其中，1 代表组织规模小于 100 人，2 代表组织规模介于 100~300 人之间，3 代表组织规模介于 301~600 人之间，4 代表组织规模介于 601~1000 人之间，5 代表组织规模介于 1001~2000 人之间，6 代表组织规模大于 2000 人。

$P < 0.05$，标注 *；$P < 0.01$，标注 **；$P < 0.001$，标注 ***。

由表 5.38 可知，组织规模小于 100 人的企业组织绩效是最高的。

5.5.2.9　企业存续时间的影响分析

本节将企业存续时间分为五类，分别是 3 年及以下，3~5 年，5~10 年，10~20 年，20 年以上。企业存续时间的影响分析结果如表 5.39 所示。

表 5.39　　　　　　　　　企业存续时间的影响分析

变量	组内/组间	平方和	自由度	均方	均值差异性检验	Sig.	方差齐性检验 Sig.	是否齐性
集体心理资本	组内	5.136	4	1.284	1.842	0.120	0.742	是
	组间	306.036	439	0.697				
	合计	311.172	443					
积极人际氛围	组内	3.064	4	0.766	0.813	0.517	0.826	是
	组间	413.456	439	0.942				
	合计	416.520	443					
组织绩效	组内	13.510	4	3.378	3.080	0.016	0.724	否
	组间	481.416	439	1.097				
	合计	494.926	443					
员工成长	组内	7.819	4	1.955	2.178	0.071	0.380	是
	组间	393.923	439	0.897				
	合计	401.742	443					

存续时间对组织绩效影响显著，进一步分析结果如表5.40所示。

表 5.40　　　　　　　　存续时间对组织绩效的影响

因变量	(I) 存续时间	(J) 存续时间	均数差异 (I－J)	标准差	Sig.	95% 置信区间	
						Lower Bound	Upper Bound
jx	1	3	－0.49298*	0.24300	0.043	－0.9706	－0.0154
		5	－0.55135*	0.22153	0.013	－0.9867	－0.1160
	2	5	－0.46349*	0.21145	0.029	－0.8791	－0.0479
	4	5	－0.27535*	0.11638	0.018	－0.5041	－0.0466

多重比较

注：其中，1代表组织存续时间3年及以下；2代表组织存续时间3~5年（含5年）；3代表组织存续时间5~10年（含10年）；4代表组织存续时间10~20年（含20年）；5代表组织存续时间20年以上。

*表示均数差异在0.05水平上显著。

从表5.40可知，组织存续时间3~5年和组织存续时间10~20年的企业相对组织存续时间20年以上的企业组织绩效相对较高，存续时间3年及以下的企业组织绩效比组织存续时间5~10年以及组织存续时间20年以上的企业组织绩效高。由于组织存续时间3年及以下的企业占总样本数的5.9%，组织存续时间3~5年的企业占总样本数的6.5%，所占比重较低，所以在后文研究中不进行进一步分析。

5.5.3　控制变量的影响分析总结

本章选择了性别、年龄、学历、工作年限、职位四个个体变量作为控制变量进行分析，结果显示四个个体变量对集体心理资本、积极人际氛围、组织绩效和员工成长均无显著性影响。除个体变量外，本章选择了行业、企业性质、存续时间三个组织变量作为控制变量进行分析，结果显示，行业、企业性质对集体心理资本和组织绩效有不同程度的影响，表现为以下几个方面。

（1）企业性质对集体心理资本有显著性影响。具体表现为国有或国有控股公司的员工集体心理资本显著低于民营或民营控股公司与外资或外资控股公司。

（2）行业对集体心理资本有显著性影响。具体表现为 IT/高新技术行业员工的集体心理资本低于工程施工行业和传统制造业。

（3）企业性质对组织绩效有显著性影响。具体表现为民营或民营控股公司与企业化事业单位的组织绩效显著低于国有或国有控股公司，同时也显著低于外资或外资控股公司。

（4）行业对组织绩效有显著性影响。具体表现为工程施工行业比传统制造业的组织绩效低于 IT/高新技术行业。

（5）组织规模对组织绩效有显著性影响。具体表现为组织规模小于100 人的企业组织绩效显著高于其他组织规模的企业。

由于行业、企业性质对集体心理资本有显著性影响；行业、企业性质、组织规模对组织绩效有显著性影响，在第 6 章的假设检验中将这三个变量作为控制变量纳入模型研究中。

第 6 章

假 设 检 验

第 5 章对数据进行了初步整理和简要分析后，本章将对第 3 章提出的理论假设进行验证。由于理论假设主要是验证因果关系且存在中介效用的检验，所以采取结构方程模型进行分析。该方法也是目前组织行为学量化研究中最主要的研究方法和统计技术之一，分析软件采用 AMOS17.0。

黄芳铭（2005）指出，运用结构方程模型必须满足基本的假定才能确保统计的推论。这些假定包括多变项常态性（multivariate normality）、无系统遗漏值（non-systematic missing value）、足够大的样本（sufficiently large sample size）、正确的模型界定（correct model specification），以及简单随机抽样（simple random sampling）。下面根据这些基本假定对数据进行检视。

（1）多变项常态性。在第 5 章对数据的初步整理中，对所有变量数据的正态性进行了检验，结果确认所有变量均符合正态分布。

（2）无系统遗漏值。在第 5 章对数据的初步整理中，对所有问卷进行了仔细检查，剔除了无效问卷，对非系统性遗漏值采用 ML 法进行了修正，保证数据无系统遗漏值。

（3）足够大的样本。对结构方程模型而言，通常需要较大的样本才能维持估计的精确性以及确保代表性，同时结构方程模型总是需要处理多元观察指标也要求大样本（黄芳铭，2005）。本章有效样本 455 份，样本数量达到了结构方程模型进行分析研究所需样本数量的要求。

（4）正确的模型界定。本书的理论假设建立在前人的研究基础和访谈、开放式问卷调查的基础上，按照符合理论设想与简要性的思路经过反复讨论和反复斟酌选取研究变量和建立理论模型，这为提出正确的模型界定提供了基础。

（5）简单随机抽样。本书主要采用问卷调查获取所需数据，样本来自成都、攀枝花、海口等不同城市的不同企业，跨越不同行业、不同企业性质等，保证了数据来源的多样性和代表性，基本上满足有关抽样的要求。

综上所述，所采集的数据符合采用结构方程模型的基本假定。

根据侯杰泰等（2004）的建议，本章采用 χ^2/df、RMSEA、GFI、IFI、CFI、NFI、NNFI 拟合指数来衡量模型的拟合情况。各指标的拟合标准或临界值如表 6.1 所示。

表 6.1　　　　　　　　　　指标拟合标准或临界值

指标名称	拟合标准或临界值
卡方值/自由度（χ^2/df）	当 $\chi^2/df < 3$ 时，观测数据与模型拟合很好，模型较好； 当 $3 < \chi^2/df < 5$ 时，观测数据与模型基本拟合，模型可以接受； 当 $\chi^2/df > 5$ 时，观测数据与模型拟合不好，模型较差
渐进残差均方和平方根（RMSEA）	RMSEA ≤ 0.05，观测数据与模型拟合很好，模型可以接受； RMSEA 介于 0.05 ~ 0.1 之间，观测数据和模型基本拟合，模型尚可接受； RMSEA ≥ 0.1，观测数据与模型拟合不好，模型不接受
拟合度指数（GFI）	大于 0.9
比较拟合指数（CFI）	大于 0.9，越接近于 1，表示观测数据与模型拟合越好
增值拟合指数（IFI）	大于 0.9，越接近于 1，表示观测数据与模型拟合越好
正规拟合指数（NFI）	大于 0.9，越接近于 1，表示观测数据与模型拟合越好
非正规拟合指数（NNFI）	大于 0.9，越接近于 1，表示观测数据与模型拟合越好

6.1　积极组织对组织绩效的影响

积极组织对组织绩效的影响共有四个假设需要验证，分别是：

H1a：积极组织管理对组织绩效有正向作用。

H1b：诚信领导对组织绩效有正向作用。

H1c：积极人际氛围对组织绩效有正向作用。

H1d：集体心理资本对组织绩效有正向作用。

6.1.1　积极组织管理对组织绩效的影响分析

将积极组织管理与组织绩效纳入结构方程模型进行分析，如图 6.1、

表6.2所示。由于行业、企业性质对组织绩效有影响，所以将行业、企业性质、组织规模作为控制变量纳入结构方程模型。

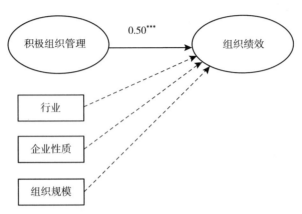

图 6.1 积极组织管理对组织绩效的影响分析

注：控制变量（其中，行业、企业性质作哑变量处理）与自变量一同放入结构方程模型以排除控制变量对因变量的影响。考虑到简化图表，本章仅将潜变量的分析结果在文中进行报告，控制变量在图中进行示意；虚线表示路径系数不显著，实线表示路径系数显著，下同。

P<0.001，标注 *** 。

表 6.2   积极组织管理对组织绩效的影响分析

假设	路径	标准化系数	标准误	t 值	是否显著支持假设
H1a：积极组织管理对组织绩效有正向作用	积极组织管理—组织绩效	0.495	0.071	8.371 ***	是
拟合度指标值	$\chi^2/\mathrm{df}=1.917$，RMSEA = 0.045，GFI = 0.990，CFI = 0.992，IFI = 0.992，NFI = 0.984，NNFI = 0.970				

注：P<0.05，标注 * ；P<0.01，标注 ** ；P<0.001，标注 *** 。

由表6.2可知，积极组织管理对组织绩效的影响关系模型拟合很好，各项拟合指标均达到要求。参数估计的结果显示，积极组织管理对组织绩效有显著正向影响，H1a得到验证。

6.1.2 诚信领导对组织绩效的影响分析

将诚信领导与组织绩效纳入结构方程模型进行分析，如图6.2、表

6.3 所示。由于行业、企业性质、组织规模对组织绩效有影响，所以将行业、企业性质、组织规模作为控制变量纳入结构方程模型。

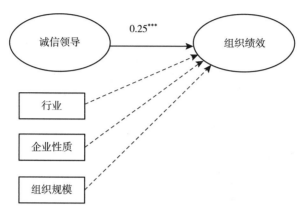

图6.2　诚信领导对组织绩效的影响分析

注：P < 0.001，标注 ***。

表6.3　　　　　　　　诚信领导对组织绩效的影响分析

假设	路径	标准化系数	标准误	t 值	是否显著支持假设
H1b：诚信领导对组织绩效有正向作用	诚信领导—组织绩效	0.253	0.058	4.812 ***	是
拟合度指标值	$\chi^2/df = 1.474$，RMSEA = 0.032，GFI = 0.996，CFI = 0.998，IFI = 0.998，NFI = 0.994，NNFI = 0.986				

注：P < 0.05，标注 *；P < 0.01，标注 **；P < 0.001，标注 ***。

由表6.3可知，诚信领导对组织绩效的影响关系模型拟合很好，各项拟合指标均达到要求。参数估计的结果显示，诚信领导对组织绩效有显著正向影响，H1b 得到验证。

6.1.3　积极人际氛围对组织绩效的影响分析

将积极人际氛围与组织绩效纳入结构方程模型进行分析，如图6.3、表6.4所示。由于行业、企业性质、组织规模对组织绩效有影响，所以将行业、企业性质、组织规模作为控制变量纳入结构方程模型。

由表6.4可知，积极人际氛围对组织绩效的影响关系模型拟合很好，各项拟合指标均达到要求。参数估计的结果显示，积极人际氛围对组织绩效有显著正向影响，H1c得到验证。

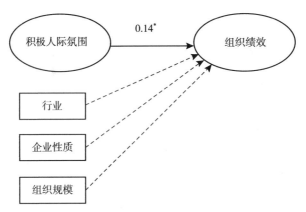

图6.3 积极人际氛围对组织绩效的影响分析

注：P < 0.001，标注 *** 。

表6.4 积极人际氛围对组织绩效的影响分析

假设	路径	标准化系数	标准误	t值	是否显著支持假设
H1c：积极人际氛围对组织绩效有正向作用	积极人际氛围—组织绩效	0.143	0.066	3.310 ***	是
拟合度指标值	$\chi^2/df = 2.865$，RMSEA = 0.064，GFI = 0.949，CFI = 0.965，IFI = 0.965，NFI = 0.948，NNFI = 0.937				

注：P < 0.05，标注 * ；P < 0.01，标注 ** ；P < 0.001，标注 *** 。

6.1.4 集体心理资本对组织绩效的影响分析

将集体心理资本与组织绩效纳入结构方程模型进行分析（如图6.4、表6.5所示）。由于行业、企业性质、组织规模对组织绩效有影响，所以将行业、企业性质、组织规模作为控制变量纳入结构方程模型。

由表6.5可知，集体心理资本对组织绩效的影响关系模型拟合很好，各项拟合指标均达到要求。参数估计的结果显示集体心理资本对组织绩效有显著正向影响，H1d得到验证。

在四个积极组织构成变量对组织绩效的影响中，各变量的影响程度有所不同。根据对 H1a～H1d 的假设检验可以发现，积极组织管理对组织绩效的影响程度远大于其他三个变量（路径系数为 0.495）；诚信领导与集体心理资本对组织绩效的影响相差不大（路径系数分别为 0.253，0.284）；积极人际氛围对组织绩效的影响最小（路径系数为 0.143）。

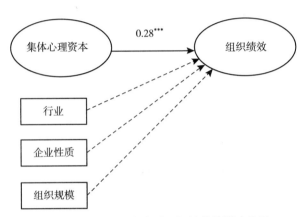

图 6.4　集体心理资本对组织绩效的影响分析

注：P < 0.001，标注 ***。

表 6.5　　　　　　　集体心理资本对组织绩效的影响分析

假设	路径	标准化系数	标准误	t 值	是否显著支持假设
H1d：集体心理资本对组织绩效有正向作用	集体心理资本—组织绩效	0.284	0.074	5.220 ***	是
拟合度指标值	$\chi^2/df = 1.823$，RMSEA = 0.043，GFI = 0.989，CFI = 0.991，IFI = 0.991，NFI = 0.980，NNFI = 0.968				

注：P < 0.05，标注 *；P < 0.01，标注 **；P < 0.001，标注 ***。

6.2　积极组织对员工个体的影响

积极组织对员工个体的影响有四个假设需要验证，分别是：

H2a：积极组织管理对员工成长有正向作用。

H2b：诚信领导对员工成长有正向作用。

H2c：积极人际氛围对员工成长有正向作用。

H2d：集体心理资本对员工成长有正向作用。

6.2.1　积极组织管理对员工成长的影响分析

将积极组织管理与员工成长的两个维度即学习和活力纳入结构方程模型进行分析，如图6.5、表6.6所示。

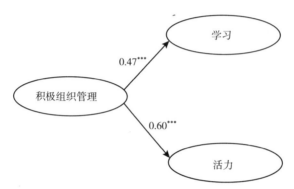

图6.5　积极组织管理对员工成长的影响分析

注：P < 0.001，标注 ∗∗∗。

表6.6　　　　　　　积极组织管理对员工成长的影响分析

假设	路径	标准化系数	标准误	t 值	是否显著支持假设
H2a：积极组织管理对员工成长有正向作用	积极组织管理—学习	0.469	0.095	8.048 ∗∗∗	是
	积极组织管理—活力	0.596	0.104	9.863 ∗∗∗	
拟合度指标值	$\chi^2/df = 2.219$，RMSEA = 0.052，GFI = 0.961，CFI = 0.986，IFI = 0.986，NFI = 0.974，NNFI = 0.979				

注：P < 0.05，标注 ∗；P < 0.01，标注 ∗∗；P < 0.001，标注 ∗∗∗。

由表6.6可知，积极组织管理对员工成长的影响关系模型拟合很好，各项拟合指标均达到要求。参数估计的结果显示，积极组织管理对员工成长有显著正向影响，H2a得到验证。

6.2.2 诚信领导对员工成长的影响分析

将诚信领导与员工成长的两个维度即学习和活力纳入结构方程模型进行分析，如图 6.6、表 6.7 所示。

由表 6.7 可知，诚信领导对员工成长的影响关系模型拟合很好，各项拟合指标均达到要求。参数估计的结果显示，诚信领导对员工成长有显著正向影响，H2b 得到验证。

6.2.3 积极人际氛围对员工成长的影响分析

将积极人际氛围与员工成长的两个维度即学习和活力纳入结构方程模型进行分析，如图 6.7、表 6.8 所示。

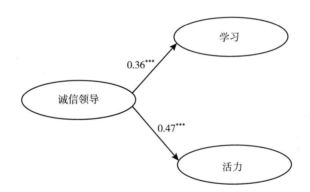

图 6.6　诚信领导对员工成长的影响分析

注：P < 0.001，标注 ∗∗∗ 。

表 6.7　　　　　　　　诚信领导对员工成长的影响分析

假设	路径	标准化系数	标准误	t 值	是否显著支持假设
H2b：诚信领导对员工成长有正向作用	诚信领导—学习	0.365	0.058	6.997 ∗∗∗	是
	诚信领导—活力	0.473	0.057	8.988 ∗∗∗	
拟合度指标值	$\chi^2/df = 2.805$，RMSEA = 0.063，GFI = 0.954，CFI = 0.982，IFI = 0.982，NFI = 0.972，NNFI = 0.973				

注：P < 0.05，标注 ∗ ；P < 0.01，标注 ∗∗ ；P < 0.001，标注 ∗∗∗ 。

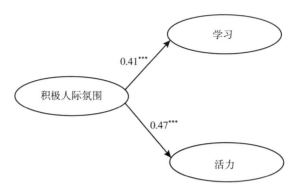

图 6.7　积极人际氛围对员工成长的影响分析

注：P < 0.001，标注 *** 。

表 6.8　　　　　　　　　积极人际氛围对员工成长的影响分析

假设	路径	标准化系数	标准误	t 值	是否显著支持假设
H2c：积极人际氛围对员工成长有正向作用	积极人际氛围—学习	0.409	0.065	7.719 ***	是
	积极人际氛围—活力	0.466	0.067	8.708 ***	
拟合度指标值	$\chi^2/df = 2.412$，RMSEA = 0.056，GFI = 0.957，CFI = 0.983，IFI = 0.983，NFI = 0.972，NNFI = 0.977				

注：P < 0.05，标注 * ；P < 0.01，标注 ** ；P < 0.001，标注 *** 。

由表 6.8 可知，积极人际氛围对员工成长的影响关系模型拟合很好，各项拟合指标均达到要求。参数估计的结果显示，积极人际氛围对员工成长有显著正向影响，H2c 得到验证。

6.2.4　集体心理资本对员工成长的影响分析

将集体心理资本与员工成长的两个维度即学习和活力纳入结构方程模型进行分析，如图 6.8、表 6.9 所示。

由表 6.9 可知，集体心理资本对员工成长的影响关系模型拟合很好，各项拟合指标均达到要求。参数估计的结果显示，集体心理资本对员工成长有显著正向影响，H2d 得到验证。

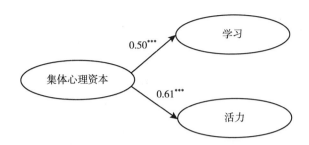

图 6.8 集体心理资本对员工成长的影响分析

注：P＜0.001，标注 *** 。

表 6.9 　　　　　　　集体心理资本对员工成长的影响分析

假设	路径	标准化系数	标准误	t 值	是否显著支持假设
H2d：集体心理资本对员工成长有正向作用	集体心理资本—学习	0.498	0.072	9.213 ***	是
	集体心理资本—活力	0.610	0.076	11.309 ***	
拟合度指标值	χ²/df = 2.064，RMSEA = 0.048，GFI = 0.964，CFI = 0.987，IFI = 0.987，NFI = 0.976，NNFI = 0.982				

注：P＜0.05，标注 * ；P＜0.01，标注 ** ；P＜0.001，标注 *** 。

　　四个积极组织构成变量对员工成长的影响与四个积极组织构成变量对组织绩效的影响有很大不同，根据对 H2a～H2d 的假设检验中可以发现，各变量对员工成长的路径系数均介于 0.365～0.610 之间，即积极组织的各构成变量对提升员工成长均有显著的作用，其中，集体心理资本对提升员工学习和员工活力效果均最佳（路径系数分别为 0.498、0.610）。

6.3　积极组织成因对积极组织状态的作用

　　积极组织成因对积极组织状态的作用有四个假设需要验证，分别是：

　　H3a：积极组织管理对集体心理资本有正向作用。

　　H3b：诚信领导对集体心理资本有正向作用。

　　H3c：积极组织管理对积极人际氛围有正向作用。

　　H3d：诚信领导对积极人际氛围有正向作用。

6.3.1　积极组织管理对集体心理资本的影响分析

将积极组织管理和集体心理资本纳入结构方程模型进行分析，如图6.9、表6.10所示。由于行业和企业性质对集体心理资本有显著性影响，所以将行业和企业性质作为控制变量纳入结构方程模型进行分析。

由图6.9和表6.10可知，积极组织管理对集体心理资本的影响关系模型拟合很好，各项拟合指标均达到要求。参数估计的结果显示，积极组织管理对集体心理资本有显著正向影响，H3a得到验证。

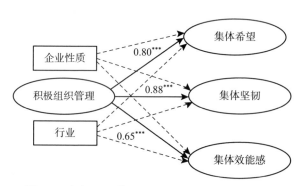

图6.9　积极组织管理对集体心理资本的影响分析

注：P < 0.001，标注 *** 。

表6.10　　　　　积极组织管理对集体心理资本的影响分析

假设	路径	标准化系数	标准误	t值	是否显著支持假设
H3a：积极组织管理对集体心理资本有正向作用	积极组织管理—集体希望	0.798	0.050	17.694 ***	是
	积极组织管理—集体坚韧	0.875	0.066	14.117 ***	
	积极组织管理—集体效能感	0.648	0.051	14.303 ***	
拟合度指标值	$\chi^2/df = 2.693$，RMSEA = 0.061，GFI = 0.983，CFI = 0.987，IFI = 0.988，NFI = 0.980，NNFI = 0.954				

注：P < 0.05，标注 * ；P < 0.01，标注 ** ；P < 0.001，标注 *** 。

6.3.2 诚信领导对集体心理资本的影响分析

将诚信领导和集体心理资本纳入结构方程模型进行分析,如图6.10、表6.11所示。由于行业和企业性质对集体心理资本有显著性影响,所以将行业和企业性质作为控制变量纳入结构方程模型进行分析。

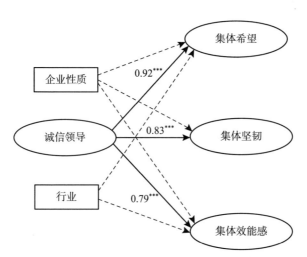

图6.10 诚信领导对集体心理资本的影响分析

注:P<0.001,标注 *** 。

表6.11 　　　　　　　　　　诚信领导对集体心理资本的影响分析

假设	路径	标准化系数	标准误	t值	是否显著支持假设
H3b:诚信领导对集体心理资本有正向作用	诚信领导—集体希望	0.924	0.106	12.495 ***	是
	诚信领导—集体坚韧	0.832	0.094	11.987 ***	
	诚信领导—集体效能感	0.791	0.098	11.692 ***	
拟合度指标值	$\chi^2/df = 2.391$,RMSEA = 0.055,GFI = 0.991,CFI = 0.993,IFI = 0.994,NFI = 0.989,NNFI = 0.964				

注:P<0.05,标注 * ;P<0.01,标注 ** ;P<0.001,标注 *** 。

由图 6. 10 和表 6. 11 可知，诚信领导对集体心理资本的影响关系模型拟合很好，各项拟合指标均达到要求。参数估计的结果显示，诚信领导对集体心理资本有显著正向影响，H3b 得到验证。

6.3.3　积极组织管理对积极人际氛围的影响分析

将积极组织管理和积极人际氛围纳入结构方程模型进行分析，如图 6. 11、表 6. 12 所示。

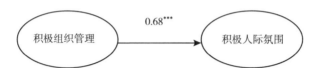

图 6.11　积极组织管理对积极人际氛围的影响分析

注：P < 0.001，标注 ∗∗∗ 。

表 6. 12　　　　　　　　积极组织管理对积极人际氛围的影响分析

假设	路径	标准化系数	标准误	t 值	是否显著支持假设
H3c：积极组织管理对积极人际氛围有正向作用	积极组织管理—积极人际氛围	0.680	0.108	9.968 ∗∗∗	是
拟合度指标值	χ^2/df = 2.557，RMSEA = 0.059，GFI = 0.987，CFI = 0.985，IFI = 0.991，NFI = 0.985，NNFI = 0.980				

注：P < 0.05，标注 ∗ ；P < 0.01，标注 ∗∗ ；P < 0.001，标注 ∗∗∗ 。

由图 6. 11 和表 6. 12 可知，积极组织管理对积极人际氛围的影响关系模型拟合很好，各项拟合指标均达到要求。参数估计的结果显示，积极组织管理对积极人际氛围有显著正向影响，H3c 得到验证。

6.3.4　诚信领导对积极人际氛围的影响分析

将诚信领导和积极人际氛围纳入结构方程模型进行分析，如图 6. 12、表 6. 13 所示。

由图6.12、表6.13可知，诚信领导对积极人际氛围的影响关系模型拟合很好，各项拟合指标均达到要求。参数估计的结果显示，诚信领导对积极人际氛围有显著正向影响，H3d得到验证。

根据对H3a～H3d的假设检验中可以发现，积极组织管理和诚信领导都能非常显著地提高员工集体心理资本和员工间积极的人际氛围，其中对员工集体心理资本的提升作用尤为明显（路径系数介于0.783～0.915）。

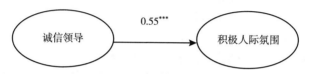

图6.12　诚信领导对积极人际氛围的影响分析

注：P < 0.001，标注 *** 。

表6.13　　　　　　　　诚信领导对积极人际氛围的影响分析

假设	路径	标准化系数	标准误	t值	是否显著支持假设
H3d：诚信领导对积极人际氛围有正向影响	诚信领导—积极人际氛围	0.547	0.056	9.523 ***	是
拟合度指标值	$\chi^2/df = 1.620$，RMSEA = 0.037，GFI = 0.994，CFI = 0.998，IFI = 0.998，NFI = 0.994，NNFI = 0.994				

注：P < 0.05，标注 * ；P < 0.01，标注 ** ；P < 0.001，标注 *** 。

6.4　集体心理资本和积极人际氛围的中介作用

集体心理资本和积极人际氛围的中介作用有八个假设需要验证，分别是：

H4a：集体心理资本在积极组织管理与组织绩效间起着中介作用。

H4b：集体心理资本在积极组织管理与员工成长间起着中介作用。

H4c：集体心理资本在诚信领导与组织绩效间起着中介作用。

H4d：集体心理资本在诚信领导与员工成长间起着中介作用。

H5a：积极人际氛围在积极组织管理和组织绩效间起着中介作用。

H5b：积极人际氛围在诚信领导和组织绩效间起着中介作用。

H5c：积极人际氛围在积极组织管理和员工成长间起着中介作用。

H5d：积极人际氛围在诚信领导和员工成长间起着中介作用。

本章采用结构方程模型来验证集体心理资本对积极组织和员工成长的中介作用。具体操作按照巴郎和科尼（Baron and Kenny，1986）给出的判定中介作用的条件及步骤进行：

因变量对自变量路径系数达到显著性水平；

中介变量对自变量路径系数达到显著性水平；

因变量对中介变量的路径系数达到显著性水平；

因变量同时对自变量和中介变量回归，中介变量的路径系数达到显著性水平，自变量的路径系数减少。当自变量的路径系数减少到不显著时，说明中介变量起到完全中介作用，自变量完全通过中介变量影响自变量；当自变量的路径系数减少，但仍然达到显著性水平时，中介变量只起到部分中介作用，即自变量一方面通过中介变量影响因变量，同时也直接对因变量起作用。

积极组织管理、诚信领导对组织绩效的路径分析，集体心理资本对组织绩效的路径显著性分析在 6.1 中已得到验证；积极组织管理、诚信领导对员工成长的路径显著性分析，集体心理资本对员工成长的路径显著性分析在 6.2 中已得到验证；积极组织管理、诚信领导对集体心理资本的路径显著性分析在 6.3 中已得到验证；所以集体心理资本的中介作用的前三个步骤已经完成，下面对中介作用的第 4 个步骤进行检验。

6.4.1 集体心理资本在积极组织管理与组织绩效间起着中介作用

将积极组织管理、集体心理资本和组织绩效纳入结构方程模型进行分析，如图 6.13、表 6.14 所示。由于行业、企业性质、组织规模对组织绩效有显著性影响，所以将行业、企业性质、组织规模作为控制变量纳入结构方程模型进行分析。

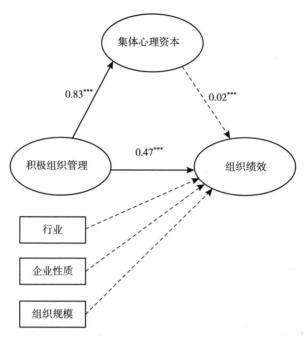

图 6.13 集体心理资本在积极组织管理与组织绩效间的中介作用分析

注：P < 0.001，标注 ∗∗∗ 。

表 6.14　　　集体心理资本在积极组织管理与组织绩效间的中介作用分析

假设	路径	标准化系数	标准误	t 值	是否显著支持假设
H4a：集体心理资本在积极组织管理与组织绩效间起着中介作用	积极组织管理—集体心理资本	0.825	0.048	18.027 ∗∗∗	否
	积极组织管理—组织绩效	0.467	0.144	3.843 ∗∗∗	
	集体心理资本—组织绩效	0.016	0.122	0.144 (P = 0.885)	
拟合度指标值	$\chi^2/df = 2.242$，RMSEA = 0.052，GFI = 0.971，CFI = 0.979，IFI = 0.979，NFI = 0.963，NNFI = 0.957				

注：P < 0.05，标注 ∗ ；P < 0.01，标注 ∗∗ ；P < 0.001，标注 ∗∗∗ 。

由图 6.13 和表 6.14 可知，集体心理资本中介积极组织管理和组织绩效的关系模型拟合很好，各项拟合指标均达到要求。参数估计的结果显示，集体心理资本对组织绩效的路径系数不显著，所以集体心理资本中介积极组织管理和组织绩效的假设不成立，H4a 没有得到验证。

6.4.2 集体心理资本在积极组织管理与员工成长间起着中介作用

将积极组织管理、集体心理资本和员工成长纳入结构方程模型进行分析，如图6.14、表6.15 所示。

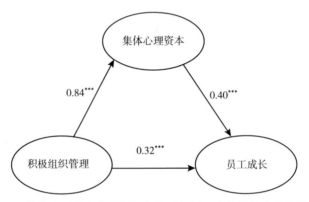

图6.14 集体心理资本在积极组织管理与员工成长间的中介作用分析

注：P < 0.001，标注 *** 。

表6.15 集体心理资本在积极组织管理与员工成长间的中介作用分析

假设	路径	标准化系数	标准误	t 值	是否显著支持假设
H4b：集体心理资本在积极组织管理与员工成长间起着中介作用	积极组织管理—集体心理资本	0.839	0.101	12.915 ***	是（部分中介）
	积极组织管理—员工成长	0.321	0.097	3.596 ***	
	集体心理资本—员工成长	0.403	0.153	2.830 ** （P = 0.005）	
拟合度指标值	$\chi^2/df = 1.965$，RMSEA $= 0.046$，GFI $= 0.984$，CFI $= 0.992$，IFI $= 0.992$，NFI $= 0.984$，NNFI $= 0.985$				

注：P < 0.05，标注 *；P < 0.01，标注 **；P < 0.001，标注 *** 。

由图 6.14 和表 6.15 可知，集体心理资本中介积极组织管理和员工成长的关系模型拟合很好，各项拟合指标均达到要求。参数估计的结果显示，集体心理资本对员工成长的路径系数显著，积极组织管理对员工成长的路径系数显著，所以集体心理资本部分中介积极组织管理和员工成长的假设成立，H4b 得到验证。

6.4.3 集体心理资本在诚信领导与组织绩效间起着中介作用

将诚信领导、集体心理资本和组织绩效纳入结构方程模型进行分析，如图 6.15、表 6.16 所示。由于行业、企业性质、组织规模对组织绩效有显著性影响，所以将行业、企业性质、组织规模作为控制变量纳入结构方程模型进行分析。

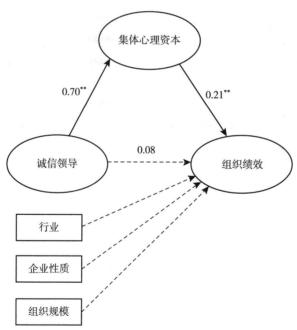

图 6.15 集体心理资本在诚信领导与组织绩效间的中介作用分析

注：P < 0.05，标注 * ; P < 0.01，标注 ** ; P < 0.001，标注 *** 。

表 6.16   集体心理资本在诚信领导与组织绩效间的中介作用分析

假设	路径	标准化系数	标准误	t 值	是否显著支持假设
H4c：集体心理资本在诚信领导与组织绩效间起着中介作用	诚信领导—集体心理资本	0.702	0.047	13.233 ***	是（完全中介）
	诚信领导—组织绩效	0.083	0.086	1.076（P = 0.282）	
	集体心理资本—组织绩效	0.213	0.101	2.680 **（P = 0.007）	
拟合度指标值	$\chi^2/df = 1.898$，RMSEA = 0.044，GFI = 0.978，CFI = 0.987，IFI = 0.987，NFI = 0.973，NNFI = 0.970				

注：P < 0.05，标注 *；P < 0.01，标注 **；P < 0.001，标注 ***。

由图 6.15、表 6.16 可知，集体心理资本中介诚信领导和组织绩效的关系模型拟合很好，各项拟合指标均达到要求。参数估计的结果显示，集体心理资本对组织绩效的路径系数显著，诚信领导对组织绩效的路径系数不显著，所以集体心理资本完全中介诚信领导和组织绩效，H4c 得到部分验证。

6.4.4   集体心理资本在诚信领导与员工成长间起着中介作用

将诚信领导、集体心理资本和员工成长纳入结构方程模型进行分析，如图 6.16、表 6.17 所示。

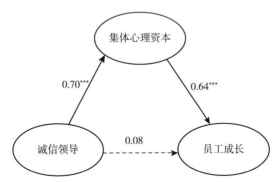

图 6.16   集体心理资本在诚信领导与员工成长间的中介作用分析

注：P < 0.001，标注 ***。

表 6.17　　　集体心理资本在诚信领导与员工成长间的中介作用分析

假设	路径	标准化系数	标准误	t 值	是否显著支持假设
H4d：集体心理资本在诚信领导与员工成长间起着中介作用	诚信领导—集体心理资本	0.702	0.047	13.716 ***	是（完全中介）
	诚信领导—员工成长	0.077	0.063	1.015（P = 0.310）	
	集体心理资本—员工成长	0.641	0.080	7.231 ***	
拟合度指标值	$\chi^2/df = 1.500$，RMSEA = 0.033，GFI = 0.991，CFI = 0.997，IFI = 0.997，NFI = 0.990，NNFI = 0.993				

注：P < 0.05，标注 *；P < 0.01，标注 **；P < 0.001，标注 ***。

由图 6.16、表 6.17 可知，集体心理资本中介诚信领导和员工成长的关系模型拟合很好，各项拟合指标均达到要求。参数估计的结果显示，集体心理资本对员工成长的路径系数显著，诚信领导对员工成长的路径系数不显著，所以集体心理资本完全中介诚信领导和员工成长，H4d 得到部分验证。

6.4.5　积极人际氛围在积极组织管理和组织绩效间起着中介作用

将积极组织管理、积极人际氛围和组织绩效纳入结构方程模型进行分析，如图 6.17、表 6.18 所示。由于行业、企业性质、组织规模对组织绩效有显著性影响，所以将行业、企业性质、组织规模作为控制变量纳入结构方程模型进行分析。

由图 6.17、表 6.18 可知，积极人际氛围中介积极组织管理和组织绩效的关系模型拟合很好，各项拟合指标均达到要求。参数估计的结果显示，积极人际氛围对组织绩效的路径系数不显著，积极组织管理对组织绩效的路径系数显著，所以积极人际氛围中介积极组织管理和组织绩效的假设不成立，H5a 没有得到验证。

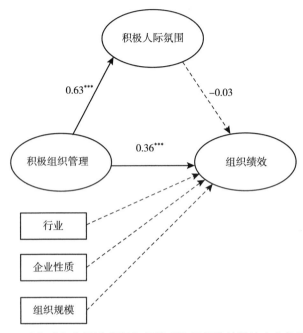

图 6.17 积极人际氛围在积极组织管理和组织绩效间的中介作用分析

注：P < 0.001，标注 *** 。

表 6.18 积极人际氛围在积极组织管理和组织绩效间的中介作用分析

假设	路径	标准化系数	标准误	t 值	是否显著支持假设
H5a：积极人际氛围在积极组织管理和组织绩效间起着中介作用	积极组织管理—积极人际氛围	0.629	0.055	13.081 ***	否
	积极人际氛围—组织绩效	−0.032	0.063	−0.554（P = 0.580）	
	积极组织管理—组织绩效	0.358	0.082	5.403 ***	
拟合度指标值	$\chi^2/\mathrm{df} = 2.798$，RMSEA = 0.064，GFI = 0.977，CFI = 0.977，IFI = 0.977，NFI = 0.965，NNFI = 0.936				

注：P < 0.05，标注 *；P < 0.01，标注 **；P < 0.001，标注 *** 。

6.4.6 积极人际氛围在诚信领导和组织绩效间起着中介作用

将诚信领导、积极人际氛围和组织绩效纳入结构方程模型进行分析，

如图6.18、表6.19所示。由于行业、企业性质、组织规模对组织绩效有
显著性影响，所以将行业、企业性质、组织规模作为控制变量纳入结构方
程模型进行分析。

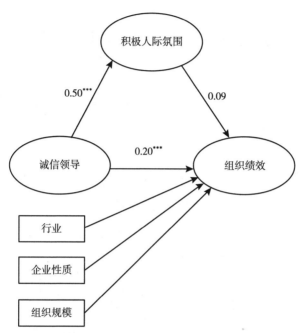

图6.18　积极人际氛围在诚信领导和组织绩效间的中介作用分析

注：P < 0.001，标注 *** 。

表6.19　　　积极人际氛围在诚信领导和组织绩效间的中介作用分析

假设	路径	标准化系数	标准误	t 值	是否显著支持假设
H5b：积极人际氛围在诚信领导和组织绩效间起着中介作用	诚信领导—积极人际氛围	0.501	0.050	10.399 ***	否
	积极人际氛围—组织绩效	0.085	0.056	1.658（P = 0.097）	
	诚信领导—组织绩效	0.202	0.066	3.452 ***	
拟合度指标值	$\chi^2/df = 2.142$，RMSEA = 0.050，GFI = 0.987，CFI = 0.989，IFI = 0.990，NFI = 0.981，NNFI = 0.961				

注：P < 0.05，标注 * ；P < 0.01，标注 ** ；P < 0.001，标注 *** 。

由图 6.18、表 6.19 可知，积极人际氛围中介诚信领导和组织绩效的关系模型拟合很好，各项拟合指标均达到要求。参数估计的结果显示，积极人际氛围对组织绩效的路径系数不显著，所以积极人际氛围中介诚信领导和组织绩效的假设不成立，H5b 没有得到验证。

6.4.7　积极人际氛围在积极组织管理和员工成长间起着中介作用

将积极组织管理、积极人际氛围和员工成长纳入结构方程模型进行分析，如图 6.19、表 6.20 所示。

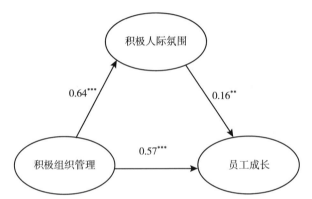

图 6.19　积极人际氛围在积极组织管理和员工成长间的中介作用分析

注：P < 0.01，标注 ** ；P < 0.001，标注 *** 。

表 6.20　积极人际氛围在积极组织管理和员工成长间的中介作用分析

假设	路径	标准化系数	标准误	t 值	是否显著支持假设
H5c：积极人际氛围在积极组织管理和员工成长间起着中介作用	积极组织管理—积极人际氛围	0.641	0.055	13.285 ***	是（部分中介）
	积极人际氛围—员工成长	0.158	0.052	2.563 **（P = 0.010）	
	积极组织管理—员工成长	0.567	0.072	7.448 ***	
拟合度指标值	$\chi^2/df = 1.751$，RMSEA = 0.041，GFI = 0.991，CFI = 0.995，IFI = 0.995，NFI = 0.989，NNFI = 0.989				

注：P < 0.05，标注 * ；P < 0.01，标注 ** ；P < 0.001，标注 *** 。

由图 6.19、表 6.20 可知，积极人际氛围中介积极组织管理和员工成长的关系模型拟合很好，各项拟合指标均达到要求。参数估计的结果显示，积极人际氛围对员工成长的路径系数显著，积极组织管理对员工成长的路径系数显著，所以积极人际氛围部分中介积极组织管理和员工成长，H5c 得到验证。

6.4.8 积极人际氛围在诚信领导和员工成长间起着中介作用

将诚信领导、积极人际氛围和员工成长纳入结构方程模型进行分析，如图 6.20、表 6.21 所示。

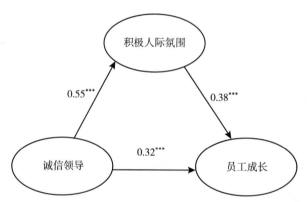

图 6.20 积极人际氛围在诚信领导和员工成长间的中介作用分析
注：P<0.001，标注 ***。

表 6.21 积极人际氛围在诚信领导和员工成长间的中介作用分析

假设	路径	标准化系数	标准误	t 值	是否显著支持假设
H5d：积极人际氛围在诚信领导和员工成长间起着中介作用	诚信领导—积极人际氛围	0.549	0.053	9.761 ***	是（部分中介）
	积极人际氛围—员工成长	0.375	0.061	5.566 ***	
	诚信领导—员工成长	0.323	0.056	4.891 ***	
拟合度指标值	$\chi^2/\mathrm{df} = 2.446$，RMSEA = 0.056，GFI = 0.983，CFI = 0.989，IFI = 0.989，NFI = 0.981，NNFI = 0.979				

注：P<0.05，标注 *；P<0.01，标注 **；P<0.001，标注 ***。

由图 6.20、表 6.21 可知，积极人际氛围中介诚信领导和员工成长的关系模型拟合很好，各项拟合指标均达到要求。参数估计的结果显示，积极人际氛围对员工成长的路径系数显著，诚信领导对员工成长的路径系数显著，所以积极人际氛围部分中介诚信领导和员工成长，H5d 得到验证。

6.5　假设检验总结

对所有假设检验的检验结果汇总如表 6.22 所示。

表 6.22　　　　　　　　　　假设检验结果汇总

编号	假设内容	检验结果
H1a	积极组织管理对组织绩效有正向作用	支持
H1b	诚信领导对组织绩效有正向作用	支持
H1c	积极人际氛围对组织绩效有正向作用	支持
H1d	集体心理资本对组织绩效有正向作用	支持
H2a	积极组织管理对员工成长有正向作用	支持
H2b	诚信领导对员工成长有正向作用	支持
H2c	积极人际氛围对员工成长有正向作用	支持
H2d	集体心理资本对员工成长有正向作用	支持
H3a	积极组织管理对集体心理资本有正向作用	支持
H3b	诚信领导对集体心理资本有正向作用	支持
H3c	积极组织管理对积极人际氛围有正向作用	支持
H3d	诚信领导对积极人际氛围有正向作用	支持
H4a	集体心理资本在积极组织管理与组织绩效间起着中介作用	不支持
H4b	集体心理资本在积极组织管理与员工成长间起着中介作用	支持（部分中介）
H4c	集体心理资本在诚信领导与组织绩效间起着中介作用	支持（完全中介）
H4d	集体心理资本在诚信领导与员工成长间起着中介作用	支持（完全中介）
H5a	积极人际氛围在积极组织管理和组织绩效间起着中介作用	不支持
H5b	积极人际氛围在诚信领导和组织绩效间起着中介作用	不支持
H5c	积极人际氛围在积极组织管理和员工成长间起着中介作用	支持（部分中介）
H5d	积极人际氛围在诚信领导和员工成长间起着中介作用	支持（部分中介）

研究结果发现:

（1）积极组织对组织绩效有正向作用。积极组织的四个变量即积极组织管理、诚信领导、积极人际氛围、集体心理资本都对组织绩效具有显著的正向影响。其中，积极组织管理对组织绩效的提升作用尤为明显，积极人际氛围对组织绩效的提升作用最小。

（2）积极组织对员工成长产生积极的正向作用。积极组织的四个变量即积极组织管理、诚信领导、积极人际氛围、集体心理资本都对员工成长有显著正向影响。四个变量对员工成长的提升作用比较均衡。

（3）积极组织管理能提升集体心理资本和积极人际氛围，诚信领导也能提升集体心理资本和积极人际氛围。其中积极组织管理和诚信领导对提升集体心理资本的作用尤为明显，且对提升集体心理资本的三个维度作用都比较均衡。

（4）在积极组织对组织绩效和员工成长的作用中，积极组织管理部分通过集体心理资本和积极人际氛围作用于员工成长，但不通过集体心理资本或积极人际氛围作用于组织绩效；诚信领导则完全通过集体心理资本同时作用于组织绩效和员工成长，但并不通过积极人际氛围对组织绩效产生作用，但会部分通过积极人际氛围对员工成长产生作用。

（5）积极人际氛围不能中介积极组织管理与组织绩效、诚信领导与组织绩效，积极人际氛围对组织绩效的影响虽然显著但是作用较小，说明积极组织中积极人际氛围不是关键因素。

第 7 章

研究结论与启示

本章对全书进行了总结，讨论本书的一些主要研究发现。在此基础上，归纳研究结论在实践领域的管理启示，最后对未来研究进行展望。

7.1 研究主要结论

7.1.1 探索中国积极组织的概念及结构

"积极"和"积极性"历来是中国企业管理中提倡和重视的内容，但是从组织行为学角度对积极组织进行系统性研究的却几乎没有。根据词源和文献分析，中文所指的"积极"和"积极性"与英文中的"positive"有一定差异，因此，有必要对中国积极组织概念及结构进行本土化研究。

本书依据扎根理论，通过文献阅读、开放式问卷和深度访谈对积极组织的概念和结构进行了研究。将积极组织定义为：一个组织有意识地、系统地、持续不断地关注和提高员工整体的心理状态，从而实现组织自身的健康发展。其主要内涵包括：

（1）积极组织是一种积极向上的组织体系；

（2）积极组织提高和改善员工的集体心理资本；

（3）积极组织依靠员工集体心理资本赢得长效发展。

积极组织由四个部分构成：积极组织管理、积极领导、积极人际氛围、集体心理资本。

7.1.2　开发了积极组织管理量表和集体心理资本量表

根据规范的量表开发程序，开发了积极组织管理量表和集体心理资本量表。

积极组织管理量表由 14 个题目构成，通过探索性因子分析得到激励因子、文化因子、工作因子三个维度。其中，激励因子 4 个题目、文化因子 6 个题目、工作因子 4 个题目，量表具有良好的信度和效度。量表说明中国企业要创建积极组织应在管理中重视员工激励、建设积极组织文化和提供稳定的工作。中国本土化的积极组织管理量表的开发为积极组织理论的进一步研究提供了测量工具，也为企业实现积极组织管理提供了参考。

集体心理资本量表由 15 个题目构成，通过探索性因子分析得到集体希望、集体坚韧、集体效能感三个维度。其中，集体希望 7 个题目、集体坚韧 4 个题目、集体效能感 4 个题目。量表具有良好的信度和效度。本书所得到的中国本土化的集体心理资本的内容与个体心理资本以及西方学者开发的集体心理资本内容有一定差异。一方面，表现在维度不同，个体心理资本和西方学者的集体心理资本包含四个维度，本书得到的中国本土化的集体心理资本概念只包含其中的三个维度，即没有乐观维度；另一方面，表现在本书通过开放式问卷和深度访谈得到的词条，最后大部分都反映在集体希望这一维度中。这说明中国员工很看重组织的未来发展以及自己在组织中可能得到的发展，这也与积极组织管理量表中"晋升机制完善""培训""学习型组织"等词条出现频率高的现象具有一致性。中国本土化的集体心理资本量表开发为心理资本理论和积极组织理论的进一步研究提供了测量工具，也为企业提高员工集体心理资本提供了参考。

7.1.3　研究了积极组织的作用

运用结构方程模型研究了积极组织对组织结果的影响。研究发现，积极组织的四个组成部分：积极组织管理、诚信领导、积极人际氛围、集体心理资本都与组织绩效显著正向相关，即能够有效提升企业的组织绩效。这说明积极组织是一种有效的组织理论。值得注意的是，四个组成部分中积极组织管理对组织绩效的影响远远高于其他三个，说明企业实现积极组织的重点是优化企业管理。提高组织绩效的同时，积极组织的四个组成部分都与员工成长显著正向相关，且四个组成部分对员工成长的影响程度基本相当。这说明积极组织是一种积极向上的，能够实现组织与员工和谐共赢的组织理论。

7.1.4 研究了积极组织的作用机制

通过对积极组织的作用研究我们发现，积极组织对组织结果的影响通过两条路径实现：一是通过集体心理资本实现对组织绩效、员工成长的影响；二是通过积极人际氛围实现对组织绩效、员工成长的影响。具体来讲：

（1）积极组织管理除了可以直接影响员工成长外，还部分通过影响集体心理资本来影响员工成长；

（2）积极组织管理除了直接影响员工成长外，还部分通过影响积极人际氛围来影响员工成长；

（3）诚信领导完全通过影响集体心理资本，从而影响组织绩效和员工成长；

（4）诚信领导除了可以直接影响员工成长外还部分通过积极人际氛围影响员工成长。

积极组织的作用机制研究说明，积极组织能够有效地促成员工成长，但主要通过提升员工集体心理资本得以实现，集体心理资本的中介作用大于积极人际氛围。其中诚信领导对员工个体的影响完全通过集体心理资本实现。因此，积极组织的重点在于提升员工集体心理资本。

7.1.5 研究了个体特征和组织特征对相关变量的影响

本书选取了性别、年龄、学历、职位作为个体特征变量，行业、企业性质、企业规模、企业存续时间作为组织特征变量。研究发现：

（1）个体特征变量对集体心理资本、积极人际氛围、员工成长、组织绩效均无显著性影响，说明集体心理资本、员工成长与个体特征关系不显著，主要受到组织管理和领导的影响；

（2）组织特征变量尤其是行业、企业性质、企业规模对组织绩效和集体心理资本会产生影响。具体表现为国有或国有控股公司的员工集体心理资本显著低于民营或民营控股公司与外资或外资控股公司；但民营或民营控股公司与企业化事业单位的组织绩效显著低于国有或国有控股公司，同时也显著低于外资或外资控股公司，这说明组织绩效受到企业性质的影响较大，且国有或国有控股公司应当加强员工集体心理资本的培养；IT/高新技术行业员工的集体心理资本低于工程施工行业和传统制造业；但工程施工行业、传统制造业的组织绩效低于IT/高新技术行业，说明组织绩效受行业因素影响较大，且IT/高新技术行业应加强对员工集体心理资本的培养。由此看出，行业和企业性质对集体心理资本和组织绩效的影响与我们提出的研究假设有一定差异，即集体心理资本高的组织绩效并不一定高，我们认为，这与组织绩效的影响因素太多有关，集体心理资本只是影响组织绩效的因素之一。

7.1.6　对不同企业积极组织的具体管理策略进行了探索

本书选取了3个属于积极组织的企业作为案例进行研究（案例研究本书中略），主要探索实践中企业实现积极组织的个性化策略。研究发现，案例企业在积极组织实现方面有一定的共性，即重视分工明确且稳定的工作安排，重视员工培训，重视构建完善的管理制度，重视积极向上的企业文化建设，这些对提升员工集体心理资本和员工成长都有积极的正向作用。不同企业在自身的发展过程中也会探索一些适合企业自身的积极组织管理策略，所以积极组织的建设应当与企业自身的企业文化、发展特点、所处行业、员工特点等相结合。

7.2　管 理 启 示

本书通过探索积极组织的概念、结构，包括积极组织管理、集体心理资本的结构，研究积极组织的作用，以及对不同行业、性质的案例企业进行研究得到了很多管理启示。其中较为重要的启示有以下一些方面。

7.2.1　重视员工整体的心理状态

研究结果表明，企业的利润增长并不需要以泯灭员工的希望、牺牲员工的幸福来换取，相反，员工整体的积极心理状态即集体心理资本能够在显著促成员工成长的同时也显著提升组织绩效。换句话讲，只要企业重视员工整体的心理状态，企业就能够实现组织与员工双赢。另外，集体心理资本在积极组织管理、诚信领导与组织绩效、员工成长间还起着完全或部分中介作用，即集体心理资本不仅会直接影响组织与员工，组织管理与领导也将通过集体心理资本影响组织与员工。这进一步说明了集体心理资本在积极组织中的核心作用。从集体心理资本与积极人际氛围的中介作用比较来看，集体心理资本的中介作用强于积极人际氛围，这提醒管理者人际氛围固然重要，但集体心理资本更应该得到重视。集体心理资本是群体共享的一种积极心理状态，包括集体希望、集体坚韧和集体效能感。高集体心理资本意味着员工整体上对未来充满希望，对完成工作的能力抱有共同信念，即使面临困难也能同心同德共同面对。员工的集体心理资本需要组织积极介入才能发生。研究结果表明，积极组织管理和诚信领导是获取集体心理资本的影响因素，所以企业要实现积极组织，管理和领导都应当围绕提高员工集体心理资本来进行。

7.2.2　领导者转换领导风格

研究结果表明，诚信领导是提高员工集体心理资本的重要因素，且诚信领导对集体心理资本的三个维度集体希望、集体坚韧、集体效能感的影响程度均很高（路径系数分别为 0.89、0.90、0.84，均显著）。除此，在对积极组织的作用研究中我们发现，诚信领导完全通过集体心理资本作用于组织绩效和员工成长，即诚信领导的有效性来源于对集体心理资本的提升。由此，可以看出，诚信领导与在中国文化背景下占主导地位的家长式领导有明显的区别。家长式领导风格三个维度之一的威权强调领导者个人权威及支配下属行为，其中又涵盖了独断专权的作风、贬抑下属的能力、形象整饰和教诲行为四大类的行为；家长式领导维度之二的仁慈可以细分为两大类：一为个别照顾，二为维护下属面子；家长式领导维度之三的德行指领导者的道德与操守含有许多的美德，特别是克己奉公、不徇私与以身作则（樊景立、郑伯埙，2000）。罗霞、陈维政（2011）在对家长式领导和诚信领导进行比较后指出，家长式领导有明显的专断作风，即便对下属的体恤也是为了让下属对领导者感恩，以便更心悦诚服地服从领导者。而诚信领导与家长式领导风格迥异，家长型领导的关注点主要是领导者的个人目标，而诚信领导关注点是员工。夏米尔（Shamir，2005）认为，诚信领导具有四个方面的特点，第一，不故作佯装领导者，完全是一种自我表现行为；第二，投身领导活动不是为地位、名誉，而是一种建立在价值观基础上的为完成自己的理想或使命感而担当领导角色；第三，具有独创性，不模仿他人；第四，行动建立在自己的价值观和信念基础上，高度正直，言行一致。谢衡晓（2007）提出，中国诚信领导的五个维度：下属导向、循规蹈矩、领导特质、诚实不欺和正直无私。夏米尔（2005）对诚信领导的追随者进行研究，认为他们是出于信任原因而追随领导者，下属对领导者不抱有不切实际的幻想，他们能证明领导者是值得信任的。由此可以看出，诚信领导依靠自身的高个体心理资本、高道德水准、对员工的高度关注赢得员工信任。本书表明，诚信领导需要做到：其一，对员工真诚，领导对员工没有隐瞒，言行一致，领导勇于坦诚自己的错误，其二，对自己有正确的认识，领导知道自己的行为对员工的影响，对自己的能力有正确的判断，鼓励员工坚持他们自己的观点，愿意听取员工的意见。

7.2.3 建立公平晋升的机制

研究结果表明，积极组织管理量表的 14 个题目中有 3 个与公平晋升有关，包括良好的晋升制度、实施公平竞争、任人唯贤。员工为什么如此看重公平的晋升机制？因为这是影响员工集体希望的重要原因。在集体希望的 7 个题目中，工作有意义、发自内心地努力工作、同事们朝气蓬勃都与公平的晋升密切相关。同时，在集体心理资本量表开发的过程中，本书发现集体希望是中国文化背景下员工集体心理资本最核心的内容（解释变异量达到 56.64%，远高于集体坚韧的 8.39% 和集体效能感的 6.87%），也就是说，如果企业给员工以希望，集体心理资本就能够提升 50%，而公平且充分的晋升机会则是让员工建立起集体希望最重要的途径。本书表明，建立公平晋升的机会应当做到：（1）提供晋升的机会。晋升对员工来说意义重大，它既是员工在公司得到成长的重要形式，同时也体现了公司对员工的肯定，是一种重要的激励手段。组织应当为员工设计职业发展通道，提供职业发展通道上需要的晋升机会，同时需要帮助员工实现职业发展，达成职业目标。（2）任人唯贤。费孝通提出著名的"差序格局"，指出中国文化背景下人与人之间的关系是以亲属关系为主轴的网络关系。这种对人际氛围的理解也广泛存在于企业管理中，表现的形式就是"任人唯亲"。任人唯亲的结果是员工得不到公平晋升的机会，或者不靠努力工作赢得晋升，这必将摧毁员工的工作积极性。（3）建立公平竞争的晋升机制。任人唯贤除了领导需要改变用人意识之外，更需要有一套科学的晋升机制加以保证。公司应当让每一位员工清楚公司的晋升机制，并且公开公平地执行这一套晋升机制。

7.2.4　提供适宜的工作环境

　　研究结果表明，适宜的工作环境是积极组织管理中不可缺少的内容。在关于积极组织的开放式问卷调查中，有关适宜的工作环境的词条出现频次占到了积极组织管理特征总频次的20%左右，例如，适当的压力、自主式管理、人性关怀、分工明确等。这表明适宜的工作环境是积极组织管理的重要内容之一。在竞争激励的职场和效率效益至上的思想指导下，工作内容越来越复杂、突发事件越来越频繁、角色模糊化越来越严重，再加上复杂的人际氛围、不公平的对待等造成了员工工作压力过大，进而产生工作倦怠。工作压力和工作倦怠对员工和组织的负面影响已经成为人们的共识。所以，创造压力适当的、宽松的工作环境是值得企业重视的。本书表明，提供适宜的工作环境应当做到：（1）提供稳定的工作岗位。马斯洛的需求层次理论表明，安全需要是人的基本需要之一。稳定的工作岗位保证了员工的经济收入安全、心理安全，有利于建立组织和员工之间的相互信任。（2）分工明确。尽管技术复杂化和组织扁平化不可避免，企业仍然应当尽可能实现分工明确。根据众多国内外对工作压力源的研究可以看出，角色模糊、角色冲突、角色负荷过重都是工作压力的主要来源之一（白玉苓，2010）。所以，分工明确是减轻工作压力的重要途径。（3）增加工作自主性。由于企业面临的市场环境竞争激烈，工作安排中在所难免地会出现工作复杂度高、工作强度大、工作责任重等压力源。工作要求—控制理论（Job demand-control theory）（Karasek，1979）认为，工作压力来源于工作本身所包含的两个关键特征，即工作要求和工作控制的共同影响。工作要求指工作负荷，主要包括时间压力和角色冲突；工作控制指个体对工作控制的程度，主要包含技能和决策力量。根据工作要求—控制理论，工作要求在增加员工学习的同时也给员工造成工作压力，而工作控制在增加员工学习的同时能够减轻员工的压力。所以，工作控制可以抵挡工作高要求对员工身心的消极影响。所以，在工作设计中增加工作自主性能够很好地减轻工作压力。（4）人性关怀。员工一天中1/3的时间都在工作，在工作中获得人性关怀能提升员工的幸福感，并使员工从中获得积极的心理力量。

7.3　研究局限与展望

本书由于研究条件、时间和篇幅所限，存在一些不足之处。

由于研究条件的限制，本书大面积问卷调查部分的数据为员工个体，且大多数样本来自四川省境内。虽然数据仍然具有一定的代表性，但是积极组织作为组织层面的研究，样本以企业为单位会更加科学严谨。由于大面积调查时，以企业为单位进行大样本调查难度很大，所以本书进行大面积调查时采用员工个体调查，案例分析时采用企业为样本的方式进行研究，并且在案例分析中同时使用问卷调查验证本书所提出的假设。研究结果发现，案例分析时问卷的调查结果与大面积问卷调查时的结果基本一致。所以可以认为，本书所采用的调查方法是有效的。在未来的研究中可以进一步扩大企业样本，进行更为严谨的研究。

本书在探索积极组织的概念与结构时阅读了大量的文献，进行了开放式问卷调查和深度访谈，收集了大量的一手资料，并运用编码的方法进行归类和提炼。但总体说来，本书所进行的开放式访谈的深度和广度还不够，也没有能够在多个企业中去进行深入的观察和访谈，所以对于积极组织的概念和结构，包括积极组织管理量表与集体心理资本量表的信效度有待于在后续的研究中进一步检验。

在假设验证中我们发现集体心理资本在积极组织管理与组织绩效间的部分中介作用并没有得到验证，即积极组织管理能够直接影响组织绩效却不是通过集体心理资本来提高绩效的。在控制变量的研究中，我们也发现，行业和企业性质对集体心理资本和组织绩效的影响与我们提出的研究假设有一定差异，即集体心理资本高的组织绩效并不相应高。那么集体心理资本与组织绩效的关系究竟是怎样的？为了避免组织背景因素对模型验证产生干扰，我们将有影响的行业、企业性质、组织规模作为控制变量进行了处理。在将来的研究中可以研究这些组织背景因素的调节效应，以进一步厘清集体心理资本和组织绩效的关系。

在本书中，我们比较了积极组织管理、诚信领导、积极人际氛围、集体心理资本分别对组织绩效以及员工成长的作用。在现实中，这些因素会共同对组织结果产生影响，未来的研究中可以对这些因素的交互作用进行进一步研究。另外，本书用诚信领导代替积极领导进行研究，而领导风格中除了诚信领导、变革型领导、服务型领导等都可能是积极组织的内容，将来的研究中可以就积极领导的内容作进一步研究。

本书从"积极"的含义出发，提出中西方对积极的理解有一定差异。在此基础上对本土化的积极组织的概念、结构进行了研究。限于积极组织国内外的文献较少没有进行中西方对比研究，将来的研究中可以就积极组织跨文化的问题进行进一步研究。

参 考 文 献

[1] 白玉苓:《工作压力、组织支持感与工作倦怠关系研究——以服装产业知识型员工为例》,首都经济贸易大学博士论文,2010 年。

[2] 布劳著、李国武译:《社会生活中的交换与权力》,商务印书馆2008 年版。

[3] 陈顺宇:《多变量分析》,华泰书局 2004 年版。

[4] 陈维政、李金平、吴继红:《组织气候对员工工作投入及组织承诺的影响作用研究》,载《管理科学》2006 年第 6 期。

[5] 陈维政、李金平:《组织气候研究回顾及展望》,载《外国经济与管理》2005 年第 8 期。

[6] 陈晓萍、徐淑英、樊景立:《组织与管理研究的实证方法》,北京大学出版社 2008 年版。

[7] 程宽保、叶鹰、姜晓妹:《职工积极性的辩证分析》,载《江西社会科学》1993 年第 5 期。

[8] 樊景立、梁建、陈志俊:《实证研究的设计与评价》,引自陈晓萍、徐淑英、樊景立主编《组织与管理研究的实证方法》,北京大学出版社 2008 年版。

[9] 樊景立、郑伯壎:《华人组织的家长式领导:一项文化观点的分析》,载《本土心理学研究》2000 年第 13 期。

[10] 方伟:《工作要求——资源模型与工作倦怠:心理资本调节作用的实证研究》,中国人民大学博士论文,2008 年。

[11] 韩雪松:《影响员工组织认同的组织识别特征及作用研究》,四川大学博士学位论文,2007 年。

[12] 侯杰泰、温忠麟、成子娟:《结构方程模型及其应用》,经济科学出版社 2004 年版。

[13] 黄芳铭:《结构方程模式:理论与应用》,中国税务出版社 2005年版。

［14］黄江泉：《企业内部人际关系资本化研究》，华中农业大学博士论文，2009 年。

［15］蒋景清：《组织气候、组织承诺与组织公民行为关系之研究——以 C 工厂为例》，国立中山大学博士论文，2002 年。

［16］蒋雪丽、郝英奇：《KPI 引导员工积极性的作用机制研究》，载《科技管理研究》2011 年第 11 期。

［17］靳婧：《心理资本研究新进展述评》，载《江苏商论》2010 年第 1 期。

［18］柯江林、孙建敏、石金涛、顾琴轩：《人力资本、社会资本与心理资本对工作绩效的影响——总效应、效应差异及调节因素》，载《管理工程学报》2010 年第 4 期。

［19］李贵卿、井润田、吴继红：《工作—生活多角色责任感的测量及影响研究》，载《中国工业经济》2010 年第 4 期。

［20］李金珍、王文忠、施建农：《积极心理学：一种新的研究方向》，载《心理科学进展》2003 年第 3 期。

［21］李宁、严进：《组织信任氛围对任务绩效的作用途径》，载《心理学报》2007 年第 6 期。

［22］李锐、凌文权：《工业与组织心理学中的集体效能感》，载《心理科学进展》2006 年第 6 期。

［23］梁建、王重鸣：《中国背景下的人际关系及其对组织绩效的影响》，载《心理学动态》2001 年第 3 期。

［24］刘怀伟：《商务市场中顾客关系的持续机制研究》，浙江大学博士学位论文，2003 年。

［25］刘文彬：《组织伦理气氛与员工越轨行为间关系的理论与实证研究》，厦门大学博士论文，2009 年。

［26］陆昌勤、方俐洛、凌文铨：《管理者的管理自我效能感》，载《心理学动态》2001 年第 2 期。

［27］卢纹岱：《SPSS for Windows 统计分析》，电子工业出版社 2002 年版。

［28］路琳、陈晓荣：《人际和谐取向对知识共享行为的影响研究》，载《管理评论》2011 年第 1 版。

［29］罗珉：《论组织理论的新范式》，载《科研管理》2006 年第 2 期。

［30］罗霞、陈维政：《组织管理研究的新领域——积极组织管理》，

载《经济管理》2009 年第 10 期。

[31] 罗霞、陈维政：《自我决定理论与积极组织管理》，载《商业经济与管理》2010 年第 9 期。

[32] 罗霞、陈维政：《影响员工正向偏离行为的领导风格研究》，载《软科学》2011 年第 1 期。

[33] 马斯洛：《动机与人格》，华夏出版社 1987 年版。

[34] 邱皓政、林碧芳：《结构方程模型的原理与应用》，中国轻工业出版社 2009 年版。

[35] 任俊：《积极心理学》，上海教育出版社 2006 年版。

[36] 汤超颖、李贵杰、徐联仓：《团队情绪研究述评及展望》，载《心理科学进展》2008 年第 6 期。

[37] 陶祁：《组织背景中个性特征与工作绩效的关系》，浙江大学硕士学位论文，1999 年。

[38] 田喜洲：《我国企业员工心理资本结构研究》，载《中国地质大学学报》（社会科学版）2009 年第 9 期。

[39] Afsaneh Nahavandi，王新译：《领导力》，机械工业出版社 2003 年版。

[40] 王潇、李文忠、杜建刚：《情绪感染理论研究述评》，载《心理科学进展》2010 年第 8 期。

[41] 王雁飞、朱瑜：《心理资本理论与相关研究进展》，载《外国经济与管理》2007 年第 5 期。

[42] 魏荣、黄志斌：《企业科技创新团队心理资本结构及开发路径》，载《中国科技论坛》2008 年第 11 期。

[43] 吴继红：《基于社会交换理论的双向视角员工——组织关系研究》，四川大学博士学位论文，2006 年。

[44] 吴敏：《企业领导行为作用机制研究》，四川大学博士论文，2005 年。

[45] 吴明隆：《问卷统计分析实务——SPSS 操作与应用》，重庆大学出版社 2010 年版。

[46] 谢凤华：《消费者信任前因、维度和结果的研究：基于电视机购买的理论与经验研究》，浙江大学博士学位论文，2005 年。

[47] 谢衡晓：《诚信领导的内容结构及其相关研究》，暨南大学博士论文，2007 年。

［48］徐淑英、王端旭、张一驰：《中国中层管理者的雇佣关系：探究国有企业与非国有企业的区别》，引自于徐淑英、刘忠明主编《中国企业管理的前沿研究》，北京大学出版社 2004 年版。

［49］杨付、唐春勇：《中国企业员工人际和谐观与组织承诺及其维度关系的实证研究》，载《软科学》2010 年第 3 期。

［50］杨付：《中国文化背景下的组织人际和谐》，载《管理科学》2012 年第 12 期。

［51］叶红春：《如何发展运用积极心理资本》，载《中国人力资源开发》2004 年第 6 期。

［52］于志苗、张洁、张洪庆、张春芝：《从心理资本角度探析教师生存现状》，载《科技信息》2011 年第 22 期。

［53］张宏如：《心理资本的本土化开发》，载《企业管理》2009 年第 1 期。

［54］张文彤：《SPSS11 统计分析教程》，北京希望电子出版社 2002 年版。

［55］张燕：《工作场所偏离行为及其影响因素研究》，四川大学博士论文，2011 年。

［56］张玉波：《企业管理团队的发展阶段研究》，浙江大学硕士学位论文，1999 年。

［57］赵曙明：《胜任素质、积极性、协作性的员工能力与企业人力资源体系重构》，载《改革》2011 年第 6 期。

［58］中国社会科学院语言研究所词典编辑室编：《现代汉语词典（第五版）》，商务印书馆 2005 年版。

［59］Anne S. Tsui, Hui Wang, Katherine R. Xin. Organizational Culture in China: An Analysis of Culture Dimension and Culture Types. *Management and Organization Review*, Vol. 2, No3, March 2006, pp. 345 – 376.

［60］Anselm, S. A., Corbin, J. M. *Grounded Theory in Practice*. California: SAGE Publication, 1987.

［61］Avolio, B. J., Gardner, W. L., Walumbwa, F., Luthans, F., May, D. R. Unlocking the Mask: A Look at the Process by Which Authentic Leadership at Follower Attitudes and Behavior. *The Leadership Quarterly*, Vol. 15, 2004, pp. 801 –823.

［62］Avolio, B. J., Gardner, W. L. Authentic Leadership Development:

Getting to the Root of Positive Forms of Leadership. *The Leadership Quarterly*, Vol. 16, 2005, pp. 315 – 338.

[63] Avolio, B. J. , Luthans, F. , Avey, J. B. , Norman, S. M. , Combs, G. M. Psychological Capital Development: Toward a Micro-intervention. *Journal of Organizational Behavior*, Vol. 27, No. 3, March 2006, pp. 387 – 393.

[64] Bain, J. S. *Industrial Organization* (2nd *edition*). New York: Wiley. 1968.

[65] Ballesteros, R. F. , Nicolas, J. D. , Caprara, G. V. , Barbaranelli, C. , Bandura, A. Determinants and Structural Relation of Personal Efficacy to Collective Efficacy. *Applied Psychology: an International Review*, Vol. 51, No. 1, January 2002, pp. 107 – 125.

[66] Bandura A. *Self – efficacy: The Exercise of Control*. New York: Freeman and Company. 1997.

[67] Baumeister, R. F. , Exline, J. J. Virtue, Personality, and Social Relations: Self – Control as the Moral Muscle. *Journal of Personality*. Vol. 67. 1999, pp. 1165 – 1194.

[68] Bentler, P. M. , Chou, C. P. Practical Issues in Structural Modeling. *Sociological Methods Research*. Vol. 16, No. 1. 1987, pp. 78 – 117.

[69] Bernstein, S. D. Positive Organizational Scholarship: Meet the Movement. *Journal of Management Inquiry*, Vol. 12, No. 3, 2003. pp. 266 – 271.

[70] Boyatzis, R. E. *Transforming Qualitative Information: Thematic Analysis and Code Development*. California: SAGE Publication. 1998.

[71] Bright, D. S. , Cameron, K. S. , Caza, A. The Amplifying and Buffering Effects of Virtuousness in Downsized Organizations. *Journal of Business Ethics*. Vol. 64, 2006, pp. 249 – 269.

[72] Brissette, I. , Scheier, M. F. & Carver, C. S. The Role of Optimism in Social Network Development, Coping, and Psychological Adjustment During Life Transition. *Journal of Personality and Social Psychology*, Vol. 82, 2002, pp. 102 – 111.

[73] Brown T. C. The Effect of Verbal Self – Guidance Training on Collective Efficacy and Team Performance. *Personnel Psychology*, Vol. 56, No. 4, 2003, pp. 935 – 964.

[74] Cameron, K. S. , Caza, A. Contributions to the Discipline of Positive Organizational Scholarship. *American Behavioral Scientist*, Vol. 47, 2004, pp. 731 – 739.

[75] Cameron, K. S. , Dutton, J. E. , Quinn, R. E. *Positive Organizational Scholarship.* San Francisco: Barrett – Koehler, 2003, pp. 48 – 65.

[76] Cameron, K. S. Organizational Virtuousness and Performance. In K. S. Cameron, J. E. Dutton, R. E. Quinn, *Positive Organizational Scholarship.* San Francisco: Barrett – Koehler, 2003, pp. 48 – 65.

[77] Cameron, K. S. , Bright, D. , Caza, A. Exploring the Relationships Between Organizational Virtuousness and Performance. *American Behavioral Scientist.* Vol. 47, 2004, pp. 766 – 790.

[78] Carmeli, A. , Spreitzer, G. M. Trust, Connectivity, and Thriving: Implications for Innovative Behaviors at Work. *Journal of Creative Behavior.* Vol. 43, No. 3, 2009, pp. 169 – 191.

[79] Caza, A. , Barker, B. A. , Cameron, K. S. Ethics and Ethos: the Buffering and Amplifying Effects of Ethical Behavior and Virtusuness. *Journal of Business Ethics*, Vol. 52, 2004, pp. 169 – 178.

[80] Chan, D. Functional Relations Among Constructs in the Same Content Domain at Different Levels of Analysis: a Typology of Composition Models. *Journal of Applied Psychology.* Vol. 83, No. 2, 1998, pp. 234 – 246.

[81] Churchill, G. A. A Paradigm for Developing Better Measures of Marketing Constructs. *Journal of Marketing Research.* Vol. 16, No. 1, 1979, pp. 64 – 73.

[82] Claser, B. G. *Theoretical Sensitivity: Advances in the Methodology of Grounded Theory.* Mill Valley, CA: Sociological Press. 1978.

[83] Cohen, J. , Cohen, P. *Applied Multiple Regression Correlation Analysis for the Behavioral Sciences* (2nd.). Hillsdale NJ: Erlbaum, 1983.

[84] Cole, K. Wellbeing, Psychological Capital, and Unemployment: An Integrated Theory. The Joint Annual Conference of the International Association for Research in Economic Psychology (IAREP) and the Society for the Advancement of Behavioral Economics (SABE), 2006.

[85] Cooper, C. L. , Cartwight, S. Healthy Mind; Healthy Organization Proactive Approach to Occupational Stress. *Human Relations*, Vol. 47, No. 4,

1994, pp. 455 – 471.

[86] Corbin, J. M. , Strauss, A. Grounded Theory Research: Procedures, Canons, and Evaluative Criteria. *Quality Sociology*, Vol. 13, No. 1, 1990, pp. 3 – 21.

[87] Cummings, T. G. , Worley, C. G. *Organization Development and Change*, 7*th ed.* Cincinnati, OH: Southwestern College Publishing, 2001.

[88] Dutton, J. E. , Frost, P. J. , Worline, M. C. , Lilius, J. M. , and Kanov, J. M. Leading in Times of Trauma. *Harvard Business Review*, No. 1, 2002, pp. 54 – 61.

[89] Dutton, J. E. , Ragins, B. R. (Eds). *Exploring Positive Relationships at Work: Building a Theoretical and Research Foundation.* Mahwah, NJ: Lawrence Erlbaum. 2006.

[90] Dutton, R. E. , Robert E. , Quinn, Cameron, K. S. *Positive Organizational Scholarship: Foundations of a New Discipline.* San Francisco: Barrett – Koehler, 2003.

[91] Eisenhardt, K. M. Building Theories from Case Study Research. *The Academy of Management Review.* Vol. 14, No. 4, 1989, pp. 532 – 550.

[92] Faller, G. Positive Psychology: a Paradigm Shift. *Journal of Pastoral Counseling*, Vol. 36, 2001, pp. 7 – 20.

[93] Fornell, C. , Larcker, David. F. Structural Equation Models with Unobservable Variables and Measurement Error: Algebra and Statistics. *Journal of Marketing Research.* Vol. 18, No. 3, 1981, pp. 382 – 388.

[94] Fowers, B. J. , Davidov, B. J. The Virtue of Multiculturalism: Personal Transformation, Character, and Openness to the Other. *The American Psychologist*, Vol. 62, 2006, pp. 704 – 705.

[95] Gagne, M. , Deci, E. L. Self – Determination Theory and Work Motivation. *Journal of Organizational Behavior.* Vol. 26, 2005, pp. 331 – 362.

[96] Gardner, W. L. , Avolio, B. J. , Luthans, L. , May, D. R. , Walumbwa, F. "Can You See the Real Me?" a Self – Based Model of Authentic Leader and Follower Development. *The Leadership Quarterly*, Vol. 16, No. 3, 2005, pp. 315 – 338.

[97] Gibson, C. B. Do They Do What They Believe They Can? Group Efficacy and Group Effectiveness Across Tasks and Cultures. *The Academy of Man-*

agement Journal. Vol. 42, No. 2, 1999, pp. 138 – 152.

[98] Gibson C. B. Me and Us: Differential Relationships Among Goal – Setting Training, Efficacy and Effectiveness at the Individual and Team Level. *Journal of Organizational Behavior*, Vol. 22, No. 7, 2001, pp. 789 – 811.

[99] Glaser, B. G. , Strauss, A. L. *The Discovery of Grounded Theory: Strategies for Qualitative Research.* Chicago: Aldine Publishing Company, 1967.

[100] Glaser, B. G. *Basics of Grouded Theory Analysis: Emergence vs Forcing.* Mill Valley: Sociology Press. 1992.

[101] Glaser, B. G. *Theoretical Sensitivity: Advances in the Methodology of Grounded Theory.* Mill Valley: Sociology Press. 1978.

[102] Goldsmith, A. H. , Veum, J. R. , Darity, W. The Impact of Psychological and Human Capital on Wages. *Economic Inquiry*, Vol. 35, 1997, pp. 815 – 829.

[103] Guzzo, R. A. , Shea, G. P. Group Performance and Inter – Group Relationship in Orgnaziation. *Handbooks of Industrial and Organizational Psychology*, Vol. 3, 1992, pp. 262 – 313.

[104] Hair, J. F. , Jr, R. E. , Anderson, R. L. , Tatham, W. C. *Multivariate Date Analysis with Readings*, 5th *Edition.* Englewood Cliffs, NJ: Prentice Hall, 1998.

[105] Hinkin, T. R. A Brief Tutorial on the Development of Measures for Use in Survey Questionnaires. *Organization Research Methods*, Vol. 1, No. 1, 1998, pp. 104 – 121.

[106] Hollinger, R. C. , Clark, J. P. Formal and Informal Social Controls of Employee Deviance. *Sociological Quarterly*, Vol. 23, No. 3, 1982, pp. 333 – 343.

[107] Hosen, R. , Solovey, Hosen, D. , Stern, L. Education and Capital Development: Capital as Durable Personal, Social, Economic and Political in Fluences on the Happiness of Individuals. *Education*, Vol. 123, No. 3, 2003, pp. 496 – 513.

[108] Jacobs, T. O. , Jaques, E. Military Excutive Leadership, in Clark, K. E. , Clark, M. B. (Eds), *Measures of Leadership*, Leadership Library of Americe, West Orange, NJ, 1990, pp. 281 – 295.

[109] Kaiser, H. F. , Rice, John. Little Jiffy, Mark Ⅳ. Educational

and Psychological Measurement, 1974, 34: 111 – 117.

[110] Karasek, R. A. Job Demands, Job Decision Latitude, and Mental Strain: Implications for Job Redesign. *Administrative Science Quarterly*, Vol. 24, No. 2, 1979, pp. 285 – 308.

[111] Kidwell, R. E. , Valentine, S. R. Positive Group Context, Work Attitudes and Organizational Misbehavior: the Case of Withholding Job Effort. *Journal of Business Ethics*, Vol. 86, 2009, pp. 15 – 28.

[112] Kline, R. B. *Principles and Practice of Structural Equation Modeling*. New York: Guildford, 1998.

[113] Kluemper, D. H, Little, L. M. , Degroot, T. State or Trait: Effects of State Optimism on Job – Related Outcomes. *Journal of Organizational Behavior*, Vol. 30, 2009, pp. 209 – 231.

[114] Letcher, L. , Niehoff, B. Psychological Capital and Wages: A Behavioral Economic Approach. paper submitted to be considered forpresentation at the Midwest. *Academy of Management*, Minneapolis, MN, 2004.

[115] Lewin, K. L. , White, R. K. Patterns of Aggressive Behavior in Experimentally Created "Social Climate" . *Journal of Social Psycholigy*, Vol. 10, 1939, pp. 271 – 299.

[116] Lim, S. , Murphy, L. The Relationship of Organizational Factors to Employee Health and Overall Effectiveness. *American Journal of Indrstrial Medicine Supplement*. No. 1, 1999, pp. 64 – 65.

[117] Litwin, G. H. and Stringer, R. A. *Motivation and Organizational Climate*. Boston: Harvard University, 1968.

[118] Little, B. L. , Madigan, R. M. The relationship Between Collective Efficacy and Performance in Manufacturing Workteams. *Small Group Research*, Vol. 28, 1997, pp. 69 – 73.

[119] Litwin, G. H. , Stringer, R. A. *Motivation and Organizational Climate*. Cambridge, Boston: Harvard University, 1968.

[120] Luthans, F. , Avey, J. B. , Avolio, B. J. , Norman, S. M. , Combs, G. J. Psychological Capital Development: Toward a Micro – Intervention. *Journal of Organizational Behavior*, Vol. 27, 2006, pp. 387 – 393.

[121] Luthans, F. , Youssef, C. M. Emerging Positive Organizational Behavior. *Journal of Management*, Vol. 33, 2007, pp. 321 – 349.

［122］Luthans, F. , Youssef, C. M. Human, Social, and Now Positive Psychological Capital Management: Investing in People for Competitive Advantage. *Organizational Dynamics*, Vol. 33, 2004, pp. 143 – 160.

［123］Luthans, K. W. , Jensen, S. M. The Linkage Between Psychological Capital and Commitment to Organizational Mission: A Study of Nurses. *Journal of Nursing Administration*, Vol. 35, No. 6, 2005, pp. 304 – 310.

［124］Maslach, C. Job Burnout: New Directions in Research and Intervention. *Current Directions in Psychological Science*, Vol. 12, No. 5, 2003, pp. 189 – 192.

［125］Maslow, A. A Theory of Human Motivation. *Psychological Review*, Vol. 40, 1943, pp. 370 – 396.

［126］Miller, J. B. , Stiver, I. P. *The Healing Connection: How Women Form Relationships in Therapy and in Life.* Boston: Becon Press. 1997.

［127］Myers D. The Funds, Friends, and Faith of Happy People. *American Psychologist*, Vol. 55, No. 3, 2000, pp. 56 – 67.

［128］Nahavandi, A. *The Art and Science of Leadership.* Pearson Prentice Hall. 2003.

［129］Nix, G. , R. M. Ryan, J. B. , Manly. E. L. , Deci. Revitalizaton Through Self – Regulation: the Effects of Autonomous and Controlled Motivation on Happiness and Vitality. *Journal of Experiment Social Psychology.* Vol. 25, 1999, pp. 266 – 284.

［130］Patton, M. Q. *Qualitative Evaluation and Research Methods.* London: Sage. 1990.

［131］Peterson, C. , Seligman, M. E. P. *Character Strengths and Virtues: A Handbook and Classification.* Oxford University Press. 2004.

［132］Podsakoff, P. M. , MacKenzie, S. B. , Lee, J. Y. , Podsakoff, N. P. Common Method Biases in Behavioral Research: A Critical Review of the Literature and Recommended Remedies. *Journal of Applied Psychology.* Vol. 88, No. 5, 2003, pp. 879 – 903.

［133］Podsakoff, P. M. , Organ, D. W. Self – Reports in Organizational Research: Problems and Prospects. *Journal of Management.* Vol. 12, No. 4, 1986, pp. 531 – 544.

［134］Porath, C. , Spreitzer, G. , Gibson, C. , Garnett, F. G. Thriving at Work: Toword Its Measurement, Construct Validation, and Theoretical Refinement. *Journal of Organizational Behavior*. Vol. 33, No. 2, 2012, pp. 250 – 275.

[135] Porath, C., T. Bateman. Self – Regulation: Goal Orientation to Performance. *Journal of Applied Psychology*. Vol. 91, No. 1, 2006, pp. 185 – 192.

[136] Quinn, R. E. *Deep Change*. San Francisco: Jossey – Bass. 1996.

[137] Rauch, C. F., Behling, O. Functionalism: Basis for an Alternative Approach to the Study of Leadership, in Hunt, J. G., Hosking, D. M., Schriesheim, C. A., Stewart, R. (Eds), *Leaders and Managers: International Perspectives on Managerial Behavior and Leadership*, New York: Pergamon Press. 1984.

[138] Roberts, L. M. Changing Faces: Professional Image Construction in Diverse Organizational Settings. *Academy of Management Review*, Vol. 30, No. 4, 2005, pp. 685 – 711.

[139] Rummler, G. A., Brache, A. P. *Improving Performance: How to Manage the White Space on the Organization Chart*, 2th ed. San Francisco: Jossey – Bass, 1995.

[140] Ryan, R. M., Deci, E. L. Self – Determination Theory and the Facilitation of Intrinsic Motivation, Social Development, and Well – being. *American Psychologist*, Vol. 55, 2000, pp. 68 – 78.

[141] Ryan, R. M., Lynch, J. Emotional Autonomy Versus Detachment: Revisiting the Vicissitudes of Adolescence and Young Adulthood. *Child Development*, Vol. 61, 1989, pp. 340 – 356.

[142] Ryan, R. M., Deci, E. L. Self – Regulation and the Problem of Human Autonomy: Does Psychology Need Choice, Self – Determination, and Will? *Journal of Personality*, Vol. 74, 2006, pp. 1557 – 1586.

[143] Ryff, C. D. Happiness is Everything, or Is It? Explorations on the Meaning of Psychological Well – Being. *Journal of Personlity Social Psychology*. Vol. 57, 1989, pp. 1069 – 1081.

[144] Salancik, G. R., Pfeffer, J. A. Social Information Processing Approach to Job Attitudes and Task Design. *Administrative Science Quarterly*. Vol. 23, No. 2, 1978, pp. 224 – 253.

［145］Salanova, M. , Llorens, S. , Cifre, E. Perceived Collective Efficacy, Subjective Well – Being and Task Performance Among Electronic Work Groups: an Experimental Study. Small Group Research, Vol. 34, 2003, pp. 43 – 73.

［146］Schaubroeck, J. , Simon, S. , Lam, K. et al. Collective Efficacy Versus Self – Efficacy in Coping Responses to Stressors and Control: A Cross – Cultural Study. Journal of Applied Psychology, Vol. 85, No. 4, 2000, pp. 512 – 525.

［147］Schneider, B. The people make the place. Personnel Psychology, Vol. 40, No. 3, 1987, pp. 437 – 453.

［148］Schumacker, Randall, Richard, L. *A Beginner's Guide to Structural Equation Modeling.* New Jersey: Lawrence Erlbaum Associates, Inc. 1996.

［149］Seligman, M. E. P. , Csikszentmihalyi, M. *Positive Psychology: An Introduction.* American Psychologist. Vol. 55, No. 1, 2000, pp. 5 – 14.

［150］Shamir, B. , Eilam, G. Stories Approach to Authentic Leadership Development. *The Leadership Quarterly*, No. 6, 2005, pp. 395 – 417.

［151］Smith, R. C. , Vogelgesang, G. R. , Avey, J. B. Authentic Leadership and Positive Psychological Capital: the Mediating Role of Trust at Group Level of Analysis. *Journal of Leadership & Organizational Studies.* Vol. 15, No. 3, 2009, pp, 227 – 240.

［152］Snow, C. C. , Hrebiniak, L. G. Strategy, Distinctive Competence, and Organizational Performance. *Administratie Science Quarterly.* Vol. 25, No. 2, 1980, pp. 317 – 336.

［153］Snyder, C. R. *The Psychology of Hope.* New York: The Free Press. 1994.

［154］Snyder, C. R. Hope Theory: Rainbows in the Mind. *Psychological Inquiry.* Vol. 13, No. 4, 2002, pp. 249 – 275.

［155］Snyder, C. R. *Handbook of Hope*, San Diego: Aca – demic Press, 2000.

［156］Sonenshein, S. , J. Dutton, A. , Grant, G. , Spreitzer, K. Sutcliffe, Narratives of Growth at Work: Learning from Employees' Stories. Working paper. Ross school of Business. University of Michigan. 2005.

［157］Spreitzer, G. , Sutcliffe, K. , Dutton, J. , Sonenshein. S. , Grant, A. M. A Socially Embedded Model of Thriving at Work. *Organization Science*, Vol. 16, No. 5, 2005, pp. 537 – 549.

［158］Spreitzer, G. M. & Sonenshein, S. Positive Deviance and Extraordinary Organizing. In K. Cam eron, J. Dutton, R. Quinn (eds.), *Positive Organizational Scholarship*. San Francisco: Berrett—Koehler, 2003, pp. 207 – 224.

［159］Spreitzer, G. M. , Sonenshein, S. Toward the Construct Definition of Positive Deviance. American Behavioral Scientist, Vol. 47, No. 6, 2004, pp. 828 – 847.

［160］Spreitzer, G. M. , Porath, C. Self – Determination as Nutriment for Thriving: Building an Integrative Model of Human Growth at Work. In Gagne. *Oxford Handbook of Work Engagement, Motivation, and Self – Determination Theory*. New York: Oxford University Press, 2013.

［161］Spreitzer, G. M. , Sutcliffe, K. , Dutton, J. , Sonenshein, S. , Grant, A. M. A Socially Embedded Model of Thriving at Work. *Organization Science*, Vol. 26, No. 5, 2005, pp. 537 – 549.

［162］Spreitzer, G. M. , Sutcliffe, K. M. Thriving in Organiztions. In Nelson, D. , Cooper, C. L. *Positive Organizational Behavior*. London: SAGE Publications Ltd, 2007.

［163］Sutcliffe, K. M. , Vogus, T. J. Organizing for Resilience. In K. S. Cameron, J. E. Dutton, R. E. Quinn. *Positive Organizational Scholarship*. San Francisco: Barrett – Koehler, 2003.

［164］Tabachnick, B. G. , Fidell, L. S. *Using Multivariate Statistics* (5th ed.). New York: Allyn and Bacon, 2007.

［165］Walumbwa, F. O. , Luthans, F. , Avey, J. B. & Oke, A. Authentically Leading Groups: the Mediating Role of Collective Psychological Capital and Trust. *Journal of Organizational Behavior*, Vol. 32, No. 1, 2011, pp. 4 – 24.

［166］Walumbwa, F. O. , Avolio, B. J. , Gardner, W. L. , Wernsing, T. S. Authentic Leadership: Development an Validation of a Theory – Based Measure. *Journal of Management*, Vol. 34, 2008, pp. 89 – 126.

［167］Walumbwa, F. O. , Avolio, B. J. Gardner, W. L. , Wernsing,

T. S. , Peterson, S. J. Authentic Leadership: Development and Validation of a Theory – Based Measure. *Journal of Management*, Vol. 34, No. 1, 2008, pp. 89 – 126.

[168] Wang, D. , Tsui, A. S. , Zhang, Y. , Ma, L. Employment Relationship and Firm Performance: Evidence from the People's Republic of China'. *Journal of Organizational Behavior*, Vol. 24, 2003, pp. 511 – 535.

[169] West, B. J. , Patera, J. L. , Carsten, M. K. Team Level Positivity: Investigating Positive Psychological Capacities and Team Level Outcomes. Journal of Oragnziational Behavior, Vol. 30, 2009, pp. 249 – 267.

[170] Yammarino, F. J. , Dionne, S. D. , Schriesheim, C. A. , Dansereau, F. Authentic Leadership and Positive Organizational Behavior: A Meso, Multi – Level Perspective. *The Leadership Quarterly*, Vol. 19, 2008, pp. 693 – 707.

[171] Zellars, K. L. , Hochwarter, W. A. , Perrewe, P. L. Beyond Self – Efficacy: Interactive Effects of Role Conflict and Perceived Collective Efficacy. Journal of Managerial Issues, Vol. 13, 2001, pp. 483 – 499.

[172] Zhao, Z. G. , Hou, J. L. The Study on Psychological Capital Development of Intrapreneurial Team. *International Journal of Psychological Studies*, No. 1, 2009, pp. 35 – 40.